"EQ敢言"

建設以人為本的智慧城市

葛珮帆 著

推薦序
譚惠珠博士

敢言

敢言，是葛珮帆的本色；言中有物，也是她在芸芸眾立法會議員中，讓市民留下深刻印象的原因。

我認識葛珮帆十六年了。當時她仍未成為立法會議員，卻是互聯網專業協會（iProA）的創辦人及會長，而香港社會已經開始重視網絡科技。她對我說，我們活在一個網絡世界，必須善於駕馭和利用科技，才能使我們生活變得便利，社會發展更不會落後於別的城市。

葛珮帆決定參政，也是出於她希望推動香港領先發展的初心。2012 年她參選立法會選舉，在新界東以 46139 票勝出；在 2016 年以 58825 票高票成功連任；2021 年轉為選委會界別，連任至今。

即使 2012 年政府尚未設立創新科技及工業局，葛珮帆已經多次在立法會內，大力推動香港成為智慧城市、要求建立網絡安全、推廣科普教育。在立法會外，她積極連同民間和專業機構，致力推動發展。2015 年創新科技工業局成立時，她不但沒有慢下來，反而更加倍努力，支持創科工作和活動。近年大家都見到她不遺餘力地推動低空經濟，成立了大灣區低空經濟聯盟，全面推動高質量發展和培育人才，並與香港大學攜手合作成立大灣區低空經濟法律法規小組，以完善低空經濟的法律體系。

因此，葛珮帆在十多年前就提倡香港需致力在網絡世界和創新科技的發展，是有先見之明。

她登高望遠，由提出和推動香港建設成為智慧城市開始，到 2024 年開始推動低空經濟。她希望把香港的城市管理和發展保持在世界的前列，就多次到內地各城市觀察、體驗、研究，並經常在香港提出適合的條件和需要改善的地方，使我們的經濟更活躍、更多元。

在議政方面，葛珮帆有前瞻性主張，有敢於策動的勇氣，有持久實踐的決心。除了網絡、創科的發展外，她對環保、節能減排的承諾也是身體力行，有目共睹的。她是個素食者。她在 1998 年考取潛水教練牌，更是專業級的攝影師。她到南極、非洲及各地深海攝影，紀錄大自然生態之美，並且出版攝影集，呼籲我們珍惜和保護自然生態。她對締造綠色香港，推動減排，邁向碳中和的工作一直不遺餘力。

葛珮帆對婦女及弱勢社群的關懷，在發言和刊登的文章裏都表露無遺。她在新界東地區的工作，也務實地以家庭為中心、幸福生活為主旋律，並提出實際建議，幫助不幸受到傷害的婦女和兒童發聲，使政府和社會重視他們的需要，並提出援助。

雖然葛珮帆已經有紮實的選民基礎去繼續支持她在立法會的工作，她仍持之以恆，精益求精地為香港開新路。她多次到內地取經，回來香港建言獻策，為香港與大灣區的經濟融合帶來新的發展和進步。

葛珮帆的別號是 EQ，是她的英文名字縮寫，也是英語「情商」的簡稱。她的高情商，使得她面對困難和挑戰時，都可以理性地分析和應對。她的從政表現，都是為了社會和社群的福祉；她的敢言，都是出自要香港變得更美的信念。香港社會對此也有客觀的評價：葛珮帆在 2001 年榮獲「香港十大傑出青年」、「十大傑出數碼青年」、2002 年獲「十大成功女性」及 2006 年得到「中國百名傑出女企業家」的殊榮。

這本書集結了葛珮帆由 2022 年 1 月開始連載的專欄文章、在立法會的主要發言，及發表過的新聞稿。由此大家可以看見她以深入淺出的文字，闡述公眾關心的問題和提出的改善方法。我希望讀者可回味當年的經歷，也可展望香港的前路。

譚惠珠博士，大律師，大紫荊勳賢，GBS，CBE，JP

推薦序
鄧淑明博士

智慧城市，以人為本

科技日新月異，讓人類生活愈加便捷，也為世界帶來翻天覆地的轉變。大家享受科技發展的成果時，亦開始面對考驗。如網絡社交孤立引起的精神健康問題；網絡欺凌和詐騙所帶來的焦慮和壓力；長者、低收入階層和弱勢社群，在科技洪流中感到被社會遺棄等。

科技出現的本意，是為了讓人生活得更美好。故此，如何以科技推動經濟，提升城市競爭力之餘，又能令社會凝聚共識、關愛共融，是一個重要課題。環顧身邊友儕，最關心這課題，勇於發言、為民請命者，首推葛珮帆議員（EQ）。

我跟 EQ 識於微時。我倆先後獲選為「香港十大傑出青年」，可謂惺惺相惜。我們同時熱衷科技，常互動交流，討論善用科技，提振經濟，改善民生等議題。我特別欣賞她關愛社會、協助弱勢社群的個性。為爭取加強無障礙的數碼支援服務，消除數碼鴻溝及建設無障礙智慧城市，她經常向政府提出建議，推動多項數碼共融措施，尤其幫助長者及殘疾人士認識及使用數碼科技產品及服務，協助社會各階層擁抱科技。

EQ 果敢的個性，也充分展現在宣傳環保議題之中。為親身體驗氣候變化，她坐言起行，抽空跑到南極；為保護鯊魚，她又到海底拍攝鯊魚，積極呼籲大眾向魚翅說不；為了解大象生存的威脅，她更親自到非洲關注保護大象工作，結識當地的大象保育專家，遊說香港政府立法禁止象牙貿易，並推出多本著作宣揚愛護生態環境。

去年，她抱持促進技術創新、資源共享及政策協調的宗旨，與我牽頭成立大灣區低空經濟聯盟。我們期望連結各方力量，構建一個互聯互通、高效協作的低空經濟生態系統，為各行各業開拓新賽道，帶動香港可持續發展。

一直以來，EQ 在立法會和媒體上都敢言直諫，為民發聲。她把近三年來的發言和文章匯集成書，命名為《EQ 敢言——建設以人為本的智慧城市》，聚焦於她熟悉的範疇——科技、環保、及為弱勢社群發聲。這三個範疇正正是構建以人為本的智慧城市的重要元素，也和我倡議發展智慧城市的初心一脈相承。希望讀者都能領略 EQ 字裏行間中的熱誠，明白箇中真諦。

鄧淑明博士，MH，JP

推薦序
車淑梅女士

情迷水底至情牽空中的 EQ

認識 EQ 葛珮帆是因為大家經常在香港傑出青年協會的活動碰面。這位曾獲得 2001 年「香港十大傑出青年」、「十大傑出數碼青年」、2002 年「十大成功女性」、2006 年「中國百名傑出女企業家」的立法會議員永遠氣定神閒，端莊有禮。骨子裏她是一位抱打不平，充滿愛，愛服務，愛創新，愛冒險的探索家。

多年來 EQ 創立了不少非牟利組織，去幫助有需要的婦女、家庭和動物，近年也創立智慧城市聯盟和大灣區低空經濟聯盟等。我懷疑她的一天不止 24 小時。在繁忙的工作外，她還練出了一身高超的水底攝影技術，甚至開設攝影展覽，備受注目。EQ 除了拍下可愛且富有特色的魚類、美麗的珊瑚、種種水底奇觀外，她更拍下不少鯊魚群的大型場面。當中最令我感到震撼和神往的，就是她和巨鯊的合照！頓時我生起了強烈的感受……我在想像 EQ 要表達甚麼？那可能是人類和所有生物、甚至身旁那些可怕的龐然巨物的關係。那並非對立而處，那是相互也可以和平和諧，達到共融的境界。這是人類與動物的世界，也是人與人之間的世界。

EQ 是 IT 人，她不單情迷水底，更情牽空中。她在本書內就以不同的角度和章節，去讓大家明白她的所思所想。我希望在她和各位有心人的努力下，香港能在科技創新、智慧城市、網絡安全等領域都可發揮香港速度，更進一步！最重要在低空經濟發展方面，將香港的天空推向更高境界！

祝《EQ 敢言——建設以人為本的智慧城市》一紙風行！

車淑梅，MH

自序

守正創新的勇氣

從小，世界在我眼中就是一本巨大的問號集。我總愛追問「為甚麼」，喜歡拆解事物的運作原理。這種與生俱來的好奇心，驅使我終身學習，也培養了我推動創新的熱忱。從在商界開疆拓土，到在議會問政建言，我始終相信真正的進步始於敢於「守正創新」的勇氣。「守正」才能不迷失方向，「創新」才能把握時代、引領時代。

我認為「守正創新」需要四個「敢」：

敢想——讓思維掙脫慣性的枷鎖；

敢信——在質疑中守護信念的火種；

敢言——為沉默的少數發出響亮的聲音；

敢做——將紙上藍圖化為腳下道路。

這本《EQ 敢言——建設以人為本的智慧城市》是我的第七部著作，收錄了近三年在立法會殿堂、報章專欄與政策前線的思考結晶。全書聚焦三大主軸：「力拓新經濟」，探討創科如何成為高質量發展的引擎；「綠色香港」，描繪碳中和願景下的節能減排路線圖；「仗義執言」，記錄為婦女與弱勢者權益發聲的點滴。

過去三年，我們在新能源運輸、Web 3.0 金融科技、低空經濟等領域實現了政策破冰。記得當初我提出低空經濟的發展構想時，不少人視為天方夜譚；推動氫能及 Web 3.0 發展政策時，亦遭遇諸多質疑。但我和同伴們堅持實地考察、反覆論證，像孕育新生命般，終於見證這些政策呱呱墜地。這些突破印證了香港不缺人才，最需要的是敢為人先的魄力。

在推動經濟轉型的同時，我始終銘記，政治的最終目的是讓每個生命活得更有尊嚴。那些在絕望中掙扎的照顧者、遭受家暴卻求助無門的婦女、苦苦等待救命藥物的病患……他們無聲的吶喊，是鞭策我前行的力量。值得欣慰的是，隨著社會重回正軌，照顧者津貼、兒童保護法等民生政策相繼落地，證明良政善治能讓弱勢者看見曙光。

在此特別感謝三位賜序的良師益友：譚惠珠女士以家國情懷啟迪我、鄧淑明教授與我並肩開拓創科疆土、車淑梅女士用溫暖話語堅定我的信念。更要感謝所有在政策研擬過程中貢獻智慧的同路人，以及包容我忙碌工作的家人。

香港是我們需要共同守護的家園。站在「由治及興」的新起點，我深信，只要保持敢言的勇氣、實幹的堅持，必能與大眾市民一起，在這片土地上書寫更輝煌的篇章，為民族復興貢獻香港力量。

葛珮帆
2025 年 4 月

目錄

第一章　力拓新經濟——以創科推動高質量發展

評論

發言

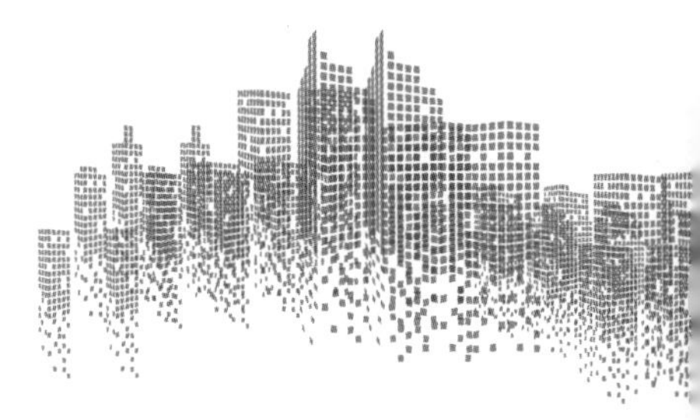

新聞稿

第二章　綠色香港——節能減排邁向碳中和

評論

發言

新聞稿

第三章　仗義執言——為婦女及弱勢社群發聲

評論

發言

新聞稿

第一章

力拓新經濟——以創科推動高質量發展

1

評論

1.
網絡安全立法堵塞漏洞

網絡安全牽涉很多不同範疇，例如電腦網絡安全、資訊安全等，是保障訊息社會健康發展的基礎。安全隱患和網絡攻擊等除了會影響設施運作，更有機會危害社會經濟、民生、公共以至國家安全。維護網絡安全是維護國家安全的重要組成部分，香港必須盡快就網絡安全立法。

本港面對複雜多變的地緣政治，外國勢力對香港虎視眈眈，香港政府多個部門的網絡在黑暴期間都曾受到海外黑客攻擊，反中亂港分子發動「顏色革命」失敗後轉向地下化，伺機死灰復燃。香港絕不能成為危害國家安全的缺口，必須全面檢視本港的網絡安全，並立法堵塞漏洞。

我數年前已向政府提出保護網絡安全的重要性，若香港機場或集體運輸系統等基礎建設遭黑客入侵，後果將相當嚴重。美國、英國、澳洲、新加坡等海外司法區早已訂立相關網絡安全法例；內地已制訂了《網絡安全法》、《數據安全法》、《個人信息保護法》、《網絡安全審查辦法》，去年 9 月更實施了《關鍵信息基礎設施安全保護條例》等法例；澳門也於 2019 年落實《網絡安全法》。香港已落後於人。

有人把網絡安全法污衊成破壞人權、打壓自由的工具。我已多次指出自由非絕對，更不能用作危害國家安全的擋箭牌。中央政府最近強調要全面貫徹網絡強國戰略，網絡安全與數字經濟發展已不可劃分。保安局局長鄧炳強日前表示將以立法方式，清晰訂定關鍵基礎設施營運者的網絡安全責任，並計劃於今年底就立法建議進行公眾諮詢。我期望政府盡快理順細節，完成立法工作，落實關鍵資訊基礎設施安全保護機制，致力構建安全的智慧城市。

2022 年 6 月 3 日《東方日報》〈仗義執言〉

2.
打擊網絡詐騙　制定針對法律

近年香港網絡騙案氾濫成災，騙徒招數層出不窮，包括網絡釣魚、求職騙案、網上情緣、投資騙案，乃至賣狗肉案等，市民防不勝防。其中一個令人擔心的騙案手法是俗稱「毒 App」的惡意木馬程式，騙徒透過廣告或使用「白撞」WhatsApp 資訊，將惡意程式包裝為購物優惠，誘騙市民下載並輸入銀行戶口等個人資料。黑客藉此利用操作權限，偷取用戶資料。

雖然執法部門推出多項措施打擊，如成立反詐騙協調中心、推出「防騙視伏器」等，惟騙案數字仍然節節上升。過去 3 年香港網絡詐騙案件數字不斷攀升，從 2020 年的一萬多宗上升至 2021 年接近 1.4 萬宗，到 2022 年更增至接近兩萬宗。

騙徒手法花樣層出不窮，例如以新興的加密貨幣為餌。除了 JPEX 之外，早前又有另一個平台 HOUNAX 被踢爆為詐騙平台。騙徒自稱投資專家，將

事主加入聊天群組，分析投資市況，再引誘事主於 HOUNAX 平台投資虛擬貨幣。受害人數達百多人，涉款逾億元，單一損失 1.2 萬元至 1000 萬元。

生成式人工智能技術近期愈來愈普及，騙徒也將其用作行騙手段。最近，有網絡詐騙犯利用深度偽造技術，冒充受害人的親朋好友。騙徒單憑一張正面相片，便可透過 AI 技術製成影片，假冒受害人親友與其對話。這些「虛擬人」的容貌、聲音、語言表達非常逼真，受害人難辨真假，最終成為騙徒的犧牲品。

事實上，世界各地執法部門也面對相似情況，因此多地政府皆透過修訂法例，加強打擊網絡詐騙。英國政府與微軟、谷歌、亞馬遜等 11 家世界級科技公司簽署協議，加強打擊網絡詐欺；新加坡警方與電訊公司合作，截斷懷疑涉及詐騙的手機號碼。截至上半年，超過 3700 個號碼已經被警方舉報並終止，電訊公司同期也攔截大約 180 萬個可疑詐騙電話。新加坡政府今年亦通過了《網絡犯罪危害法令》，可以要求網上平台限制懷疑詐騙的帳戶、禁止發布疑似詐騙貼文，亦可要求移除可疑的應用程式。

網絡詐騙不但侵蝕人們之間的信任，更因在防騙過程中提高交易成本，從而拖慢智慧香港的發展。為了避免陷入惡性循環，香港應採取更積極主動的態度打擊網絡詐騙，包括制訂具針對性的法例，以更有效地打擊網上及電話騙案。同時提高罰則以加強阻嚇力，並立法打擊虛假資訊。執法部門亦應加強行動、增加情報交流的人手和資源。此外，政府亦需加強宣傳，尤其針對較易受騙的高風險群組進行外展宣傳工作，並善用科技，如開發更多防騙過濾程式及提供多管道的騙案舉報服務，增強公眾的防騙能力，杜絕網絡詐騙。

2023 年 12 月 12 日《東方日報》〈龍七公〉

3.
政府須加強資訊系統監督

政府部門及公營機構近年接二連三發生市民個人資料外洩事故，引起公眾對私隱安全問題的關注。無論如何，事件已充分反映涉事人員對網絡安全及保護個人私隱的重視和意識不足。我認為，時至今日，資訊系統已成為政府各個部門運作的核心，管理層實在不能只把資訊系統視作技術問題，只交給技術團隊或服務承辦商處理，而是應該直接加強監督資訊系統。

繼公司註冊處及機電工程署後，消防處日前亦公布消防處屬員和市民個人資料有潛在外洩風險的事故。綜觀近年，選舉事務處、數碼港、消費者委員會、公司註冊處及機電工程署等先後發生同類事件，外洩原因主要是管理及人為因素。據此，我提出以下四項建議。

一，當局應徹查事故並追究責任。相關事件發生後，各政府部門和公營機構遲遲未有通報個人資料私隱專員公署、媒體及受害人，情況並不理想。反映各政府部門及公營機構對網絡安全的重視程度及執行力不足。

二，當局應責成各部門首長及資訊科技部門，要求對電腦系統的保安工作問責。現時政府各部門均設有資訊科技保安主任及資訊保安事故應變小組，分別負責管理資訊保安，和處理日常事項，以準備、偵測和應對資訊保安事件。如發現有人為疏忽或違規，相關人員需作紀律處分，以保障系統網絡及資訊安全。

三，目前所有政府資訊科技項目在系統上線前，必須進行「保安風險評估和審計」（SRAA）。但 SRAA 並沒有系統負責評估是否向公眾披露過多和不必要的個人數據。因此，政府有必要在所有資訊科技項目中引入「隱私數據評估和審計」，以確保系統不會向公眾披露過多和不必要的個人數據。

四，數字政策辦公室須密切監察網絡攻擊的趨勢和保安威脅，適時發出警報通知，並提高各政府部門對網絡及資訊安全的即時應變能力和防範意識。

此外，就機電工程署洩漏疫情時「圍封強檢」期間收集的 17000 名市民個人資料，我強調，政府部門不應把個人私隱數據長期儲存在雲端系統。即使有需要，亦應把儲存時間盡量縮短。涉事人員處理後，亦應盡快刪除數據。政府應督促各部門安排人員定期監測及監管涉及個人私隱敏感數據的存儲，定期刪除敏感的個人數據，並就數據安全進行內部演練，主動識別和解決潛在風險或漏洞，強化安全防護能力。

2024 年 5 月 10 日《香港商報》〈建評〉

4.
多管齊下加強網絡資訊安全

現時香港的網絡及資訊安全程度和意識仍極為不足。本港公、私營機構近年不時爆出網絡安全事故，部分導致市民資料外洩，甚至令不法之徒有機可乘，設下騙局，導致市民蒙受損失。我認為，香港現行法例並沒有確立機構或公司的網絡保安責任，受害人只能透過民事訴訟向機構追討責任，但取證往往較為困難。加上現行相關法例阻嚇性不足，難以保障市民的個人資料安全。

日前六福珠寶會員資料庫疑遭黑客入侵，並在暗網放售。據稱，案中涉及 500 萬本港及內地會員資料，包括姓名、出生日期、住址、身份證號碼、帳戶密碼、手機號碼等。香港專業進修學校亦發生資料外洩事故，受影響人數已增至 8100 人。校方對此深表歉意，表示將為受影響人士提供為期半年的免費信貸監察服務及暗網監控服務。

資料外洩事故一般指資料使用者的個人資料懷疑遭到外洩，可能會遭到未獲本人准許的查閱、處理或使用。近年各地執法部門和相關機構，也加強對個人資料保護和跨境資料轉移進行監管，如歐盟於 2018 年頒布《通用數據保障條例》（GDPR）、美國部分地區同年簽署《加州消費者私隱法》（CCPA），以及中國 2021 年頒布《個人信息保護法》。為應對資料外洩上升趨勢，GDPR 和某些國家的法例載有嚴格的通知規定，強制要求涉事單位必須向監管機構和相關人士通報資料外洩事件。

事實上，香港現行的個人資料外洩通報機制是自願性質，不排除有機構或擔心損害聲譽，選擇不公布事故。值得一提的是，港專事件就是在案發後近 3 個月才公布。另外，現行法例下，機構或企業一旦發生資料外洩，只要依私隱專員公署要求，進行修正或改善，就無須負刑責，阻嚇力不足。就此，我認為應針對資料外洩建立罰則，引入責任制，加強保障市民。特區政府應盡快修訂《個人資料（私隱）條例》，引入強制性資料外洩通報，加重罰則。並加入行政罰款機制，當政府部門或公營機構出現個人資料外洩，有關部門或機構的首長及資訊科技項目主管必須問責。

此外，各界亦需提升網絡及資訊安全意識。特區政府應在所有資訊科技項目中引入「隱私數據評估和審計」，數字政策辦公室亦需密切監察網絡攻擊的趨勢和保安威脅，適時發出警報通知，提高政府部門的即時應變能力和防範意識。私人機構應評估所收集的個人資料是否必要，避免收集過多資料，並及時刪除不必要的個人資料。政府需加強公眾教育，提醒市民謹慎提供個人資料，並了解機構保留資料的期限和相關安全措施。我相信多管齊下，就更能全面保障網絡及資訊安全。

2024 年 5 月 18 日《東方日報》〈龍七公〉

5.
網絡攻擊嚴重　提升電腦保安

香港樂施會上月發現電腦系統遭網絡攻擊，涉事系統包括樂施毅行者。私隱專員公署接獲通知，受影響人士可能高達 47 萬人，涉及手機號碼、香港身份證號碼及付款資料等。樂施會已就事故通知上述人士。近年本港個人資料外洩事故不斷，不論公、私營機構，都必須盡快提升電腦保安，否則後果可以非常嚴重。

個人資料若落入不法分子手中，可能會被盜取身份或詐取金錢，對受害人造成經濟損失和心理壓力。這樣的事件對慈善組織來說尤為致命，因它們依賴公眾的信任來獲得捐款和支持。一旦信任被破壞，將需要很長時間才能修復。

是次事故非常嚴重，作為立法會資訊科技及廣播事務委員會主席，我高度關注事件。最近個人資料外洩事故頻繁，背後反映的是社會，包括公、私營機構，對保護個人資料安全的重視程度普遍不足，以及對電腦系統的保安意識不足。現今正處於數碼世代，資訊和網絡安全是重中之重。不少黑客入侵事件的起因，都是由於員工點擊了含木馬程式或勒索軟件的「釣魚」電郵。因此針對員工防範意識的培訓、定時更新電腦保安系統，並定期進行系統性的風險評估和安全檢查，是相當重要。

香港現時的《個人資料私隱條例》比較落後，亦欠阻嚇力。私隱專員公署淪為只提供專業建議，卻無力強制要求執行的「無牙老虎」。若比較本港與中國內地、歐盟的法例，更能發現《私隱條例》中不少規定，跟國際標準有很大差距。事實上，現時香港法例並未有明確區分敏感與非敏感的個人資料。反觀中國內地就將生物識別、宗教信仰、特定身份、醫療健康、金融帳戶、行蹤軌跡等視作「敏感個人資訊」；歐盟則把個人種族、政見、宗教信仰、工會身份、基因、生物識別、性向相關的資料列為「特殊類別」，處理時均須符合嚴格的條件。與此同時，中國內地、歐盟亦強制要求發生資料外洩事故時，處理者需向監管部門通報，然而香港並無相關規定。

雖然政府過去亦有就「打擊起底」而修訂《私隱條例》，並於 2021 年 10 月生效。《修訂條例》賦予私隱專員公署新的刑事調查和檢控權，可「一站式」處理「起底」案件。此舉措能有效加快檢控。但《修訂條例》焦點只在於「起底」，未有針對前述問題。就此，我建議政府為機構及企業提供更多關於資訊及電腦網絡安全的支援及培訓，並盡快審視及擬定修例建議，包括設立強制性個人資料外洩通報機制、賦權個人資料私隱專員判處行政罰款等，繼續完善本港個人資料保障法制。這樣才能追上國家與國際的標準，進一步保障市民個人資料安全。

2024 年 8 月 27 日《東方日報》〈龍七公〉

6.
善用科技　加快覓地建屋

本港房屋問題嚴峻。政府於 2013 年首次提出《長遠房屋策略》，惟至今一直未達標，據估計已拖欠 12 萬個公私營房屋單位。市民慨嘆「愈住愈貴，愈住愈細」。我在立法會提出，要求政府在規劃新發展區和推展舊區重建項目時，運用智慧科技，以縮短規劃、覓地和建屋的所需時間。

近年港府於基建項目均有運用科技：例如房屋署於公屋發展策劃、設計與建造時，使用 3D「現實捕捉」技術，收集發展用地的數據；土木工程拓展署在東涌東填海工程，利用超過 30 項創新技術，監察日常工地運作。但仍有不足。

其實政府去年已啟用地理空間實驗室，空間數據共享平台亦將全面投入運作，相關部門應運用平台，減省程序及成本，讓覓地和規劃更有效率。內部亦應有專業培訓，制訂使用地理資訊指引，加快智慧城市的發展步伐。

此外，利用建築訊息模擬、地理資訊系統、物聯網、大數據、裝配式建築設計、組裝合成建築法、機電裝備合成法等智慧科技，能加快樓宇落成及改善工地安全。盼政府能善用科技，提升樓宇建築與管理的效率、提高能源效益，為住客提供優質及安全的生活環境。政府前年初推出互動地圖儀表板，公布疫情資訊，至今已超過 6000 萬瀏覽量。政府應考慮推出房屋及土地互動地圖儀表板，提供規劃新發展區的資訊，並讓市民監測土地開發及樓宇建築的進度，加強與市民的溝通和互動。

運用智慧科技覓地及建屋需要政府跨部門合作，但現時有關政策局互不統率，部門之間也有隔閡，因此拖慢發展進度。政府必須整合相關部門的數據庫，打破各自為政的格局，加快數碼化的進程。

2022 年 1 月 18 日《東方日報》〈仗義執言〉

7.
智慧城市帶動經濟轉型

李家超在政綱中談及發展創科中心以帶動經濟轉型，又著重提及加快推進智慧城市，以提升市民生活質素。我對此表示認同，智慧城市的發展不但便民利民，還將帶動科研項目的落地。科研成果商品化對提升經濟成效不可小覷，擴大創科領域亦能提供更多就業機會。

發展創科是國策，潛力無限。我 2007 年首次與 IT 業界請願，要求成立科技局，政府終在 2015 年成立創新及科技局。我後來創辦智慧城市聯盟，向政府提出訴求。兩份《香港智慧城市藍圖》都大量採納了聯盟的建議。期望新一屆政府加大力度發展智慧政府，提升行政效率，提供更便捷服務：例如以「智慧出行」紓緩交通擠塞問題；善用「綠色科技」改善環境；以「智

慧醫療」提升醫療服務質素；透過樂齡科技推動「智慧安老」等。

我去年獲政府委任為香港科技園董事，上任後積極推動創新工業、生命科技等發展。未來亦會推動發展科技產業化、生命科技、綠色及可持續科技。建設智慧城市需法規、政策、人才相配合。落實智慧政府更需要智慧型的官員及團隊，政府應提高官員的科技素養，優先取錄具有創科經驗的專才，並在公務員學院加強智慧城市及相關科技的培訓。

除了培養智慧型官員，培養新生代創科人才也很重要。我多年來一直推動 STEM 教育，倡議把編程及人工智能列為中小學必修課程，讓學生能輕鬆應對社會及全球因急速的經濟、科學及科技發展帶來的挑戰。

愈來愈多港人北上工作和定居，香港和大灣區智慧城市的建設合作應更密切，例如實現銀行戶口、兩地車牌、電子病歷互通。期望新一屆政府能配合國家「十四五」規劃，發展大灣區智慧城市群，推動深度合作。

2022 年 5 月 7 日《東方日報》〈仗義執言〉

8.
發展智慧城市促競爭力

我建議成立的立法會「發展智慧城市事宜小組委員會」，近日舉行首次會議。委員會主要檢視香港智慧城市在各範疇的落實情況，包括：智慧出行、智慧生活、智慧環境、智慧市民、智慧政府和智慧經濟等。研究運用智慧科技及自動化設施，有效地管理城市、加快土地開發及妥善規劃，以解開不同社會問題的癥結，並提出建議，促進數碼化的進程。

物聯網、大數據、區塊鏈等科技，逐漸改變未來城市的面貌。5G 技術是智慧城市發展的關鍵之一，如與其他科技相結合，定能協助應對各深層次問題。惟僅成立小組委員會並不足夠。目前香港存在不少桎梏，包括人才不足、初創支援有限、法例過時、公務員團隊科技素養有待提升等，拖慢發展智慧城市的進度。我建議新一屆政府設立跨部門專責隊伍，負責協調統籌、

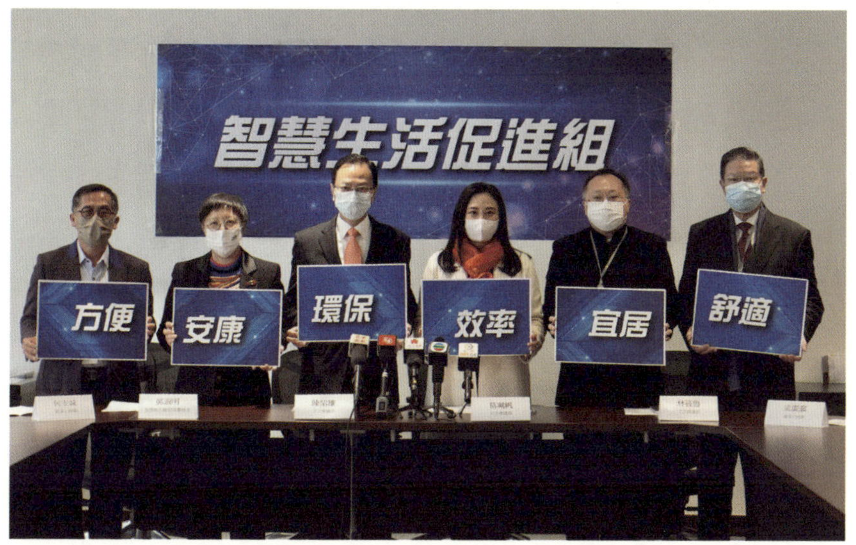

整合有關部門的數據庫，並檢視及提高政府官員善用科技的能力，打破各自為政的格局，推動智慧城市發展。

在政策推行方面，提高計劃透明度、積極進行公眾諮詢、與公眾溝通是必須的。例如，開放數據可提供原材料給有興趣進行科研的企業及機構，創造出更多數據應用和服務。但是數據重量亦應重質，政府可研究把統計處改組成「大數據局」，加設地理資訊及統計專隊，負責收集、分析、整理及開放數據，完善城市空間數據平台，做到數據開放到位，方便政府各部門、公私企業、民間共享資訊，共同參與。

為應對城市化伴隨的挑戰，各國在過去十多年都大力投資建設智慧城市。鄰近地區已漸見成績，港府必須急起直追，善用科技解決社會問題，提升本港競爭力。

2022 年 5 月 19 日《東方日報》〈仗義執言〉

9.
加快推進社會福利數字轉型

今年《施政報告》多次提到數碼化，包括在公務、企業貿易、產業發展、基礎建設，以至屋邨管理的數碼轉型。可見發展智慧政府、數碼化轉型已是不可或缺的發展趨勢。全面的數碼化改革不僅有助現代化管理，還能推動創新，提升整體社會的可持續發展水平。

我一直致力推動香港發展智慧城市，並歡迎《施政報告》提出多個關於公務數碼轉型的項目，包括推出約 20 個數字政府及智慧城市方案，促進公務數碼轉型。同時新成立的數字政策辦公室將督導部門提升資訊系統的項目管治、舉辦網絡安全攻防演練、進行合規審計及加強高級人員的培訓等，進一步加快建設智慧城市、智慧政府，提升政府服務效率。期望當局盡快推出上述方案及細節，提速建設香港智慧城市。

事實上，大數據和人工智能（AI）等技術已開始被各國應用，以推動社會福利體系的數碼化轉型。隨著本港人口老化，不少社福服務，尤其安老及復康服務需求愈來愈大。提前做好準備、加強數碼化轉型及資源投入，都是不可缺少的舉措。

社會福利服務數碼轉型刻不容緩。國家發展和改革委員會、國家數據局年初印發《數字經濟促進共同富裕實施方案》，提出數碼化有助推動優質資源共享、推進基本公共服務均等化。加快推動數碼化轉型，有助促進機會公平，為社會成員提供社會福利保障的機會。

數碼化轉型在社福服務領域有巨大潛力。通過數據收集和分析，可更精準了解市民需求；建立一站式在線服務平台，讓市民更方便地申請和查詢社會福利服務；利用 AI 技術，提供智慧客服系統，提高服務效率；通過遠程健康管理系統，及時跟進市民的健康狀況，提供個性化的建議和服務等。

就此，我建議加快推進社會福利數碼轉型，充分利用科技提升服務質量，例如推動智慧健康，使用健康監測設備、遠程醫療和智慧家居技術，提供更全面的照護。建立更強大的社區網絡，提供多層次的支援服務，並鼓勵政府和私人機構合作，共同提升服務水準和覆蓋範圍。

為配合大數據在社會發展趨勢中的應用，亦建議政府善用數字政策辦公室，以促進政府與社會服務機構之間的合作，及促進大數據在社會中的應用，提升各類服務的效率和質量。同時更好地整合資源，實現數據共用和協同創新，讓數碼轉型真正惠及市民，提升整體社會福利的服務水準。

社會福利數碼化，乃至建設智慧城市、智慧政府都是當務之急，政府和社會服務機構合作，數據共用和協同創新將變得更高效、便捷。數碼化不僅有助解決市民的實際問題，還能提升生活質量。期望看到政府和各界攜手合作，加快推進社會福利數碼化轉型，讓每一位市民都能受益。

2024 年 11 月 5 日《東方日報》〈龍七公〉

10.
中美博弈下香港的獨特作用

3 月 3 日，美國宣布對中國加徵 20%關稅，同日美國貿易代表辦公室（USTR）亦發布《總統 2025 年貿易政策議程》，強調國會應根據政府建議，終止授予中國永久貿易最惠國的待遇。中方迅速作出反制，宣布對原產於美國的部分進口商品加徵關稅。即使美方不斷破壞多邊貿易體制，製造中美摩擦，但香港許多的獨特優勢，仍可以在轉型中發揮重要作用。

在中美博弈的背景下，香港乃至整個粵港澳大灣區能憑藉獨特的經濟、科技、地緣政治和文化優勢，成為中國應對國際挑戰，提升全球競爭力的重要區域。香港的國際金融中心地位、大灣區的科技創新能力及區域協同發展，使其能在中美博弈中，發揮獨特的作用。

大灣區通過推動香港、澳門與內地城市的協同發展，成為中國區域一體化發展的典範。這種協同效應能夠提升中國經濟的整體競爭力，在中美博弈中尤為重要。香港作為全球重要的金融中心，連接中國內地與國際市場。在中美博弈中，香港能成為中國吸引外資、推動人民幣國際化的重要平台。成熟的金融體系、法治環境和國際化的市場規則，亦成為中美博弈的關鍵節點，也成為美國製造中美摩擦的轉換節點。

大灣區通過香港和澳門的國際化優勢，推動區域對外開放。特別在中美關係緊張下，大灣區可通過加強與東南亞、歐洲等地的合作，減少對單一市場的依賴，提升中國在全球經濟中的話語權。

大灣區是中國經濟最活躍區域之一。強大的製造業、科技創新和對外開放程度，使其在中美經濟競爭中扮演重要角色。通過整合資源，推動區域協同發展，成為中國參與全球經濟競爭的重要支撐。

大灣區是中國科技創新的重要基地，而香港國際化的科研環境、優質的高等教育資源、與國際接軌的知識產權保護體系，為大灣區的科技創新提供有力支援。香港更能透過自身優勢，成為內地科企進軍國際市場的橋頭堡。在中美科技競爭日益激烈下，大灣區能成為中國突破技術封鎖、推動自主創新的重要區域。香港作為獨特的緩衝地帶，可吸引國際科技企業和人才，促進中美在科技領域的合作與交流。

此外，面對全球技術革新和國際競爭加劇，香港亦需利用包括人工智能（AI）、Web 3.0、區塊鏈及實物資產代幣化（RWA）等創新技術，進一步提升治理效能。如積極推動 AI 技術在金融領域的應用，提升金融市場的效率、透明度和創新能力；積極探討航運運力 RWA、電子提單代幣化等應用場景及相關應用潛力，以應對全球航運業的升級需求；充分利用 AI 和 Web 3.0 技術，打造智能化的貿易平台，進一步提升貿易效率和競爭力，進而鞏固香港作為國際金融、航運和貿易中心的地位。

2025 年 3 月 18 日《東方日報》〈龍七公〉

11.
北都前景廣闊　成新經濟引擎

港府重點項目北部都會區發展計劃，取得階段性進展。85 間本地、中資及外資企業代表，日前到政府總部參與北都發展簽署儀式，在見證下簽署支持及參與北都發展的意向書。同場亦有 35 間企業代表，簽署企業之間與北都發展有關的項目協議，總投資金額逾 1000 億元。

過去，新界北的發展經歷了諸多變遷和挑戰，很多發展計劃因各種原因未能順利落實，導致當地的土地和居民長期被忽視。《北部都會區發展策略》顯示政府的重視，並努力通過政策措施來改善情況。北都是香港未來發展的新引擎，隨著河套區及其他多個新發展區的建設，北都將成為本港與其他大灣區城市高質量合作的新平台。政府必須用全新的思維和考量來謀劃，才能充分發揮引領經濟社會發展的作用。關鍵在於政府需牢牢掌握發展的主導權，同時懂得善用市場力量，把有為政府和高效市場更好地結合。

《施政報告》提出在北都試行片區開發模式，並已物色 3 個試點，爭取在明年內為首個片區正式招標。片區開發在香港屬新事物，工商界實地考察多個片區，有助增進對大灣區產業優勢及片區發展的認識和理解。政府必須主導收地。北都不止有私人住宅及商業項目，還包括公營房屋、公共設施等，都是不能假手於人的建設。新的發展模式能理順政府、市場和社會的協作關係，並獲取更大利益。

大灣區內地核心城市的產業布局、城市規劃和創新發展的經驗，都值得北都發展認真研究和借鏡，例如深圳、廣州等在產業布局上有許多成功例子，包括高科技產業園區的建設、創新企業的聚集等。北都可借鏡這些經驗，合理規劃產業布局，推動經濟多元化發展。北都與深圳僅一河之隔，是香港聯通大灣區各城市的重要橋樑。北都建設需要更好地對接大灣區整體發展，可汲取其他城市片區的成功經驗，並在兩地產業和科研條件上形成互補優勢。在產品製造、打造供應鏈等領域與不同片區開展商貿項目，產生大灣區各片區間的強大聚集效應，形成具競爭力的國際創科集群，貢獻香港和國家發展。

北都發展規模龐大，需要政府、私人企業和公眾的積極參與。因此，政府需繼續與各持份者密切協調，盡早完成規劃、及進行配套發展的研究、土地諮詢及用途改變工作。政府也需提供詳細發展目標和時間表，使整體規劃有章可循，讓市場能盡早掌握行動綱領細則，令投資者更有信心。

北都前景廣闊，不僅是土地開發的大型項目，破解土地住房等民生難題，更推動創科發展、粵港澳大灣區融合，為各行各業提供優質商機的項目。工商界亦應積極參與北都投資建設，引入高質量的項目和產業，做大做強，貢獻香港及大灣區的高質量發展。

2024 年 12 月 3 日《東方日報》〈龍七公〉

12.
增撥資源推創科添動能

2023 至 24 年度《財政預算案》發表在即，我連同立法會議員邱達根及黃錦輝，日前與財政司司長會晤，並提交推動創科發展的建議。冀政府增撥資源，全力打造香港成為國際創科中心。

創科是激活香港經濟高質量發展的重要引擎，對提升整體競爭力、改善民生乃至施政都至關重要。「十四五」規劃確立了香港作為國際創科中心的定位，加上政府早前相繼發表《香港創新科技發展藍圖》及《有關香港虛擬資產發展的政策宣言》，社會對本港創科前景充滿期許。政府應把握機會，大力推動本港創科發展。

Web 3.0 是全球新經濟發展的方向，香港應加快優化數碼基建，為其鋪路。我們建議政府盡快制訂 Web 3.0 發展藍圖，加強人才培訓、培育初創、

制訂法規等。鑑於現時政府內部數據未能互聯互通，在數據收集和使用方面亦較落後。我們建議把統計處改組為「大數據局」，以便統合數據，引導及監督數據的開放與使用。我們亦建議設立共用地理空間資訊系統平台，以分析和共享工程數據，在多方面強化數據應用，助力建設智慧政府及智慧城市。

為搶人才、搶資金，當局可推出全新的資本投資者入境計劃，吸引如創科、先進製造業等人士在港定居，進而引進更多企業和資金，吸引來港投資。政府應修訂上市條例，激活創業板（GEM），助更多中小企上市集資。政府亦要盡快把本地研發總開支相對本地生產總值的比率提升至 2%。

發展創科能發展新的產業及創造財富，並提供大量就業機會。我期望政府能採納建議，讓創科發展走得更高更遠，為本港社會經濟發展增添強大動能。

2023 年 2 月 10 日《東方日報》〈仗義執言〉

13.
貫徹落實發展藍圖 推動創科產業發展

特區政府日前公布《香港創新科技發展藍圖》（下稱《藍圖》），為創科訂下未來五至十年的發展目標，通過頂層設計，規劃創科未來發展的總體方向和重點策略，從「四大發展方向」和「八大重點策略」，針對 16 個目標，提出 42 個建議。《藍圖》是香港發展創科路上的一大突破，顯示政府重視創科產業。相信此舉能令業界有更大信心，也有助吸引更多國際創企及人才來港發展。若上述項目能一一落實，香港的創科發展將踏上另一個台階，未來可以走得更高更遠。

《藍圖》吸納了民建聯和業界的建議。香港要發展成國際創新科技中心，必須持續完善本地創科生態圈。香港的高階科研名揚四海，惟成果商品化成了短板。政府是次提出促進上、中、下游相互發展，能有助科研成果的轉化，加速實現「從零到一」的破局與「從一到 N」的裂變。如果當局集中資源推動創科及新型工業化發展，揀選特定工業如新能源汽車、半導體晶片等高增值製造業，亦可產生群聚效應，成再工業化的主要支柱。

此外，《藍圖》亦提到制定製造業佔本地生產總值（GDP）的百分比目標、招商引資及增加住宿配套吸引海內外人才，及重點發展數字經濟等等，顯示政府能虛心聽取意見，故《藍圖》值得肯定。

政府在《藍圖》及《藍圖 2.0》的基礎上，已相繼落實不少數碼基建，市民在疫情期間亦已享受到相關支援。但基建卻因各部門使用數碼基建的步伐不一，而拖慢了步伐。《藍圖》策略（六）提出「加快香港數字經濟和智慧城市發展步伐，提升市民生活質素」，正好回應智慧城市聯盟近年提出的要求。專家們和我都期望各部門能善用各項數碼基建，推動社會及商界善用數碼基建，拓展業務。

然而《藍圖》仍有改善空間。其中提及政府要到 2032 年，才能把本地研發總開支相對本地生產總值的比率提升至 2%。花費的時間過長，有可能會削弱本地科研能力。優秀人才要居港7年才退稅，對海外人才缺乏吸引力。政府亦對發展生物科技著墨不多。當局應充分利用深港科技創新合作區發展生物科技，例如爭取放寬國家「負面清單」中對生物樣本、基因診斷與治療的外資准入限制；把內地人才資源在合作區內供研發用途的流動限制拆牆鬆綁；於深方園區設人才辦分支，優化出入境檢驗、檢疫程序；建立大灣區生物樣本數據庫及香港生物科技產業資訊索引平台等。

《藍圖》的發展目標大多流於願景，欠缺具體績效指標（KPI），不利於政策落實。現時本地創科、教育、人才範疇分散於不同政策局，《藍圖》仍未有三位一體的戰略性部署，政府應更積極研究對症下藥。

此外，香港科技大學商學院最近公布金融科技發展深入研究結果，為香港邁向全球領先金融科技樞紐提出路向。為推動香港發展成國際創科中心，當局更應趁著國家早前在港選拔航天員的契機，制定創科教育課程綱要，涵蓋 STEM 教育，把編程及人工智能列為中小學必修課程，並和各大學探討修訂收生制度，以吸引優秀學生修讀相關學科。

我期望政府加強執行力，訂下具體措施和可量化的指標，以更大決心實現《藍圖》的目標。政府亦應多聽取業界的意見，同時配合國家的發展戰略，推動國際創科中心的發展，提高本港整體競爭力。

2023 年 1 月 13 日《文匯報》〈文匯論壇〉

14.
提速推進河套香港園區發展

有京官早前到河套深港科技創新合作區香港園區進行調研，並聽取港府匯報整體情況，體現了國家對建設河套香港園區的重視和關注。目前，香港正在加速推進香港園區的建設，首三座大樓即將全部落成，並計劃在今年正式開始營運。此外，園區公司亦正迅速展開五座大樓的地基及上蓋工程，目標是 2027 年起陸續完工。

河套合作區以深圳河為界，共 3.89 平方公里，其中 0.87 平方公里為香港園區，3.02 平方公里為深圳園區，是北都與廣深科技創新走廊的交匯點。合作區堅守「一國」之本，善用「兩制」之利，推動「一區兩園」協同發展，對大灣區一體化發展非常關鍵。加快推進河套香港園區的發展，將有助提升香港在創新科技領域的競爭力和國際影響力。建設國際科技創新中心是大灣區首要任務，河套合作區則成為重中之重。香港園區的兩個 5 年目標計劃需要社會各界的支持和配合。面對公共財政的挑戰，加快園區的發展必須結合市場力量。為進一步吸引全球頂尖企業和科研人才落戶，應打造園區成為「國內境外」的特殊區域，提供更多優惠政策和便利措施，吸引更多市場資源的支援。政府與企業之間加強合作，才能夠促進共同發展。

當前世界進入科技創新密集爆發的關鍵時期，創科成為大國博弈的核心。大灣區在中國實現科技自立自強的目標中，發揮舉足輕重的作用。河套合作區「一區兩園」是大灣區創科建設的重要平台，亦是國家培育發展新質生產力的重要策源地。對香港、大灣區乃至國家的高質量發展至關重要。科技創新正在加速推動全球變革，AI 和數字經濟成為河套合作區「一區兩園」的重點布局與前沿領域，對於推動技術進步和實現科技自立自強至關重要。

以創新推進兩地的規則銜接和機制對接，有助提高園區內外的人流、物流、資金流和資訊流，從而提升整體營運效率。目標是將合作區打造成為世界級的創科平台，吸引全球頂尖企業和科研人才。

河套發展離不開大灣區整體發展的強力支撐，在推進大灣區市場一體化下，香港更需要與灣區內城市緊密合作，積極融入國家發展大局，主動推進大灣區的建設。香港必須利用好獨特的地理位置、良好的科研基礎和豐富的人才資源等優勢，在低空經濟、數字經濟、跨境金融創新、人工智能、生命健康科技、綠色科技等方面，進一步強化與大灣區內地城市的合作和互聯互通，強化產學研創新協同，並共同推進市場一體化，實現資源共用和優勢互補；同時亦應投放更多資源培養和吸引全球高端人才和頂尖企業，協助內地企業走出去，發揮「超級聯繫人」角色；推動創新政策的制訂和實施，便利人員、物資、資金和資訊的跨境便捷流動，打造有利的創新生態環境，著力建設全球科技創新高地。

2025 年 2 月 25 日《東方日報》〈龍七公〉

15.
圓航天夢 推廣科普教育

中國載人航天工程辦公室日前公布國家第四批預備航天員選拔安排。有別於過往只在軍中選拔，載荷專家職位首次開放予港澳人士。是次安排，彰顯中央對本港科研水平的充分肯定和信任，亦大大鼓勵青年科研人員參與國家發展。當局應把握此次契機，大力推動科普教育。

本港科研團隊一直積極參與國家各項航太工程發展，比如理大團隊研發的表取採樣執行裝置，幫助「嫦娥五號」完成表取採樣返回任務；落火狀態監視相機為國家首個火星探測任務「天問一號」提供技術支援等。國家航太發展突飛猛進，港人未來或會獲得更多參與機會。航太科技產業亦將會為本港帶來更多商機。再者，中央銳意將香港打造為國際創新及科技中心，粵港澳大灣區和深圳前海將為香港創科產業帶來無限發展機遇。

港府應把握機會，加強推廣科普教育，培養青少年的興趣及對國家航太發展的認識；在本地大學開設航天航太科技相關的專業課程，為本港以至國家提供專業人才。另外，與國家積極協調，研究在深海、南極及考古探索方面，讓本港專才有機會參與科研項目。我一直關注本港創科發展及教育，並強調要盡快提升 STEM 教育。港府宜趁這股熱潮，加強推動 STEM 教育，包括將編程及人工智能列為中小學必修課程、制訂發展藍圖、增撥學校資源等，為香港未來培育創科人才。

社會對科技人才的需求與日俱增，香港在搶人才的同時，亦應著力培養創科人才。期望政府盡快加強推動 STEM 教育，並研究落實上述建議，以新思維培養主動學習、善用科技、放眼世界的新一代。

2022 年 10 月 6 日《東方日報》〈仗義執言〉

16.
厚植創科土壤培育人才

「天宮課堂」第三課日前在中國空間站開講，由「神舟十四號」飛行乘組太空人陳冬、劉洋、蔡旭哲主持。課堂中，他們介紹空間站內設備及宇航人員的工作實況，亦演示了太空零重力的實驗，如毛細效應、水球變「懶」、扳手掉頭等，更與地面的學生進行天地互動環節。

本港亦有學校安排學生觀賞。是次授課屬一次難得的機會，不僅啟發青年對航天發展的濃厚興趣，亦起到引導思考的作用，促進他們對國家航太發展的認知，有助提升身份認同。國家早前更宣布在港澳地區選拔航天員，大大鼓勵青年發展並投身到相關專業領域，說明中央支持香港創科發展，及對本港科研水平的認可。

本港不止有 5 間大學躋身全球大學百強，更擁有 16 所國家重點實驗室、

28 所創新研發實驗室，科研人員逾 3 萬人。更有本地大學團隊曾為「嫦娥三號」、「嫦娥四號」、「嫦娥五號」、「天問一號」提供支援，可見香港基礎科研實力雄厚。然而本港推動創科教育進度緩慢，相關科普課程尚未普及，至今仍侷限於興趣班。港府應趁著這股航天熱潮，厚植創科土壤，盡快訂立涵蓋 STEM 教育的課程綱要，並把編程及人工智能列為中小學必修課程。同時增撥資源，為教職員進行相關培訓，並研究把資訊科技支援人員改聘為教職員，鼓勵更多大學開設航天科技等課程，全面推動培育創科人才，提升競爭力。

「十四五」規劃下，香港將定位為國際創新科技中心，機遇無限。期望政府盡快加大力度推動本港科普教育，培育人才。並積極爭取讓本港專業人員參與更多國家科研項目，創建科研高地，助港青一圓科技夢。

2022 年 10 月 16 日《東方日報》〈仗義執言〉

17.
刷臉過關便民　促灣區 AI 發展

國家出入境管理局發布公告，為進一步便利內地與港澳地區之間人員往來，提升通關效率，11 月 20 日起，在廣東省深圳市深圳灣口岸、珠海市拱北口岸，啟用「免出示證件」邊檢通道。人員可經有關通道往來港澳地區。根據公告，14 歲以上，持有效往來港澳通行證和多次有效逗留、探親、商務、人才、其他類赴港澳簽注的內地居民，以及持有效港澳居民來往內地通行證（含非中國籍）的港澳居民，且同意邊檢機關採集核驗面相、指紋等資訊，可選擇使用邊檢現場「免出示證件」通道通行，無須出示實體出入境證件。

「免出示證件」通道的啟用，不僅優化通關流程，更加強內地與港澳之間經濟和文化交流，便利人員流動。通道為粵港澳大灣區的高質量發展提供有力支援，有望推動人員流動和區域一體化。

我及民建聯對有關安排表示歡迎，認為可大大改善旅客通關時間及通行體驗。站在粵港澳一體化發展的大前提下，持續簡化通關安排、適度破除城市之間的行政界限，是一個不可逆轉的大趨勢，也是民意。深圳灣口岸、珠海拱北口岸試行刷臉過關安排，顯然不是終點。

近年隨著人工智能（AI）、電腦視覺、大數據、雲計算、晶片等技術的迅速發展，人臉識別技術取得長足進步，成功應用在眾多場景中並大規模商業化。在大灣區，刷臉技術的應用有助促進區域內人員和物流的自由流動，推動大灣區經濟一體化和發展。同時，這也是推動 AI 發展的重要方向。在大灣區這個充滿活力的地區，AI 發展具有巨大潛力。

港府銳意把北部都會區打造為「國際創科新城」，並推動 AI 發展。這有著深遠意義，不僅是對科技創新的大力支持，更是強化香港作為「超級聯繫人」的角色，發揮連通內地和世界的橋樑作用，助力企業把握大灣區的龐大發展機遇。通過這些努力，香港能保持競爭力，並為全球企業提供更廣泛的發展機會。

AI 產業近年迅速發展，從自動駕駛、智慧城市、醫療診斷、低空經濟到即時傳譯及個性化推薦等，AI 已成為最「火爆」的賽道。此外，AI 技術在圖像生成、新媒體藝術、智能寫作及各種文創活動的結合，正迅速改變傳統的內容產業，促進新的商業模式與文化表達方式。可見 AI 技術正在改變各行各業，發展潛力無可限量。

科技創造未來，持續推動 AI 發展，將為各行業帶來顛覆性革新。創新生態系統能吸引更多資本和人才，促進新的技術應用和商業模式的誕生，為市民帶來更多福祉。AI 發展的廣闊前景在大灣區尤為突出，通過持續推動科技進步和創新，不僅可鞏固和提升本港及大灣區在全球經濟的競爭力，還能改善市民的生活質素，提升幸福感。

2024 年 11 月 19 日《東方日報》〈龍七公〉

18.
DeepSeek 為香港帶來 AI 機遇

在春節來臨之際，中國人工智能（AI）領域迎來震撼全球的突破，總部位於杭州的 AI 公司深度求索（DeepSeek），發布推理模型 DeepSeek-R1。論性能，它比肩美國 AI 龍頭 OpenAI 的 ChatGPT，卻不太依賴高端晶片。它帶來的巨大衝擊，甚至被形容為發動了一場 AI 界的「偷襲珍珠港」。難怪特朗普談到 DeepSeek 時直言：「是對美國 AI 產業的一記當頭棒喝。」

DeepSeek-R1 面世後，Google、微軟與 Meta 等科企高層，均承認其功能極強大。這種成績不僅展示了中國科企面對外部壓力的韌性和應變能力，也再次證明科技創新是無法被輕易遏制。

DeepSeek 的成功，顛覆長期以來美國在 AI 領域保持領先的觀點。中國在缺乏頂尖晶片的情況下，能以更低的成本開發出媲美美國頂尖水準的 AI 產品，說明了中國在技術創新和資源運用上的能力。這種進步不僅打破技術封鎖，還為全球 AI 發展帶來新機遇。

DeepSeek 最大的創新，是成功靠「蒸餾」極少量的數據樣本，大幅提升模型的能力。惟最近有美國官員及企業卻一改之前嘆為觀止的態度，指摘 DeepSeek「蒸餾」實質為盜竊行為。事實上，「蒸餾」訓練 AI 大模型的做法，並不等於竊取，反而是行業的一種常見做法。DeepSeek 問題從來不是盜竊，而是因技術太好，遭人眼紅。經此一役，可預想美國未來必定加強對中國 AI 領域的打壓，就像打壓中國晶片一樣。不過正如中國晶片產業在打壓下仍能穩步崛起，中國 AI 發展也會愈走愈快。

與 ChatGPT 不同的是，DeepSeek 可在港免費註冊使用，設有網頁版及應用程式。網頁版以編寫程式碼、閱讀文件、創作創意內容為主，亦有深度思考、搜索功能。網頁支援上傳文字、文件或圖片，各行各業都可應用。

DeepSeek 為香港帶來前所未有的機遇，其創新成果不僅可助力香港企業的競爭力，還促進各行各業的數碼化轉型。本港的科技發展正處於關鍵時期，特區政府應更重視並進一步支持 DeepSeek 和相關企業，為他們創造更有利的發展環境。

政府可提供更多政策支持，包括研究提供進一步稅務優惠和補貼，鼓勵他們投入更多資源進行技術研發。科技人才是科技創新的核心資源，香港應積極培養及吸納人才。AI 應是中小學的必修科，也應提升外來人才子女的教育配套，並建立大灣區人才引進機制。

特區政府亦應加大力度支持 AI 初創企業，並與大灣區內地城市合作，建立 AI 技術共享平台，促進跨境技術交流。並推動本地大學與 DeepSeek 等企業合作，設立 AI 研究中心，培養本地高端人才，並吸引全球頂尖 AI 專家來港發展。

2025 年 2 月 4 日《東方日報》〈龍七公〉

19.
彰顯科技自強　反映文化自信

近年來，「中國製造」的產品接連火爆全球。最近，中國開發的 AI 開源大模型 DeepSeek 迅速成為全球頂流，憑藉媲美 OpenAI o1 的推理能力，以及相對較低成本，使這款模型深受熱捧，引起全球轟動。無獨有偶，內地 2025 年春節檔票房火爆，其中《哪吒之魔童鬧海》以領跑姿態成為最大贏家；電玩《黑神話：悟空》以精美的畫面及配樂，以及濃厚的中華傳統文化核心，成功得到全球玩家的歡迎。以上的成功絕非偶然，背後凸顯的是科技自強與文化自信、文化傳播之間緊密相連、相輔相成。

DeepSeek 的顛覆、《黑神話：悟空》的驚嘆、《哪吒之魔童鬧海》的震撼，無不象徵中國在技術、科研上的巨大突破和成就。這不是西方單憑制裁就能遏止得了，更不會是中國技術發展的終點。

事實上，這些產品展示了中國在技術和創意領域的卓越成就。不僅表現中國的技術實力，也提升中國在全球科技和文化領域的影響力。有理由相信，未來會有更多類似的突破和驚喜出現。這些發展也能激勵香港的科研和創意產業。香港可通過深度融入國家發展大局，借助自身獨特優勢，創造更多輝煌成就。香港作為國家最國際化的城市，可透過獨特的地理位置、良好的科研基礎和豐富的人才資源，為國家科技和創新發展作出更大貢獻。科技的應用擴闊了創作空間，為文創產業帶來新機遇。香港必須運用好自身優勢，透過融合傳統文化與嶄新科技、構建文化產品交易平台、培育未來創意研發人才等方法，推動本港在數字時代下的文創產業發展，進一步提升香港和中國在全球舞台上的地位。

此外，特區政府及科創業界近年大力發展 AI，並在數碼港建立超算中心等 AI 基建項目，特區政府更撥款 30 億元，推行為期 3 年的 AI 資助計劃。要達到 DeepSeek 的高度，香港確實需要更投入資源和增加跨界合作。特區政府、研究機構及業界的緊密合作，是推動 AI 技術進一步發展的關鍵。通過加強合作、共享資源，香港可以構建更強大的基礎設施和平台，從而支持多個小模型的集成和大模型的搭建。

香港要實現 AI 領域的突破性發展，需要充足的人才、資金和強大的支持。政府可在這方面提供更多政策支持，包括研究進一步稅務優惠和補貼，同時加大力度支持 AI 初創企業，並與大灣區內地城市合作，建立 AI 技術共享平台。此外，研究增加計算資源的投入，建立更多超算中心或雲計算平台，滿足本港中長期的算力需求。在培育人才方面，推動本地大學與 DeepSeek 等企業合作，並設立 AI 研究中心，同時把 AI 納入中小學的必修科，加強培養本地高端人才。我期望政府認真研究上述建議，促進本港科技及文創產業發展，進一步鞏固香港在全球科技創新中的地位。

2025 年 2 月 11 日《東方日報》〈龍七公〉

20.
發展低空經濟　培育新興產業

在第十四屆全國人大第二次會議上發表的《政府工作報告》中，提到積極培育新興產業和未來產業，其中推動低空經濟發展被視為新增長引擎之一。近年內地多個城市致力推進低空經濟發展，尤其是被譽為「無人機之都」的深圳。早年，深圳首次在《政府工作報告》中提出發展低空經濟、建設低空經濟中心，並率先出台《深圳市低空經濟產業創新發展實施方案（2022–2025 年）》。全國首部低空經濟產業促進專項法規的《深圳經濟特區低空經濟產業促進條例》亦在今年 2 月實施。

低空經濟是驅動深圳新經濟發展的引擎，也是未來中國經濟新的重要增長點，有望成為高品質發展的代表產業。綜觀全球低空經濟發展情況，大摩預測，到 2040 年，城市空中出行的全球市場規模將達 1 萬億美元，到 2050 年會增至 9 萬億美元。2022 年美國商用無人機市場規模為 47.9 億美元，預計 2023 年至 2030 年將以 9.1%的年複合增長率增長；英國估計到 2030 年，無人機每年貢獻 450 億英鎊。

2022 年中國低空經濟市場規模為 2.5 萬億人民幣。2023 年全國 1.7 萬家無人機企業，創造產值為 1520 億人民幣（增長 27.5%）。實名登記的無人機共 111.1 萬架（增長 15.9%），頒發無人機操控員執照 18.2 萬本，無人機飛行超過 2000 萬小時。

低空經濟有達過萬億美元的市場，現時很多地方已全速發展低空經濟，香港亦應急起直追，從頂層設計開始建設低空經濟，檢視相關政策、法規、基礎設施及安全措施等。此外，發展低空經濟政策涉及運輸及物流局、民航

處、商務及經濟發展局、創新科技工業局等部門，需要跨部門合作的協調及統籌。我希望能看到特區政府在發展低空經濟上進一步部署。

內地發展低空經濟勢頭正猛，近日深圳科技公司的電動垂直起降飛行器（eVTOL）在深圳至珠海航線完成首次試飛。位於珠江口東西兩岸的深圳和珠海，將以往約 3 小時行程，縮短至 20 分鐘。空中的士預計 2026 年起開始載人飛行，或在未來普及，且成為大眾負擔得起的一般交通工具，並將形成新的廣闊市場。假如香港仍不起步追，或將成為大灣區空中的士的「飛行孤島」。

香港經濟要多元發展，就應積極配合國家政策，打通低空經濟領域。香港發展低空經濟有機會成為輸出「一帶一路」的最佳示範，亦有助發展智慧政府，提高實時數據收集、推動發展智慧城市、應急救援等的效率。本港需與大灣區各城市協同發展智慧城市群，共同推動低空經濟頂層設計、科研、場景應用和政策互聯互通，打造世界級航空港群；加快智慧交通系統建設，促進資訊技術的創新應用；把低空經濟納入北部都會區發展規劃；加強人才培訓；激活初創生態圈，推動在港上市集資；成立跨部門工作小組推動低空經濟發展，做大做強低空經濟產業，為香港創造新的經濟增長點。

2024 年 3 月 12 日《東方日報》〈龍七公〉

21.
借鑑深圳經驗　發展低空經濟

發展低空經濟是全球趨勢，早前我就發展低空經濟提出多項建議，如建立試點，包括直升機跨境載人服務；建議香港機場設立「一地兩檢」，方便國際旅客直接接駁到大灣區內地城市；蓮塘亦可加入直升機、無人機點；發展低空外賣速遞；利用低空載人飛行器，先發展低空觀光旅遊，再發展點對點的空中的士服務，既可作為島嶼間的快速運輸工具，也可提供應急救援和醫療服務。

當前，多地正積極搶抓低空經濟產業密集創新和高速發展的戰略機遇期、黃金窗口期，加快形成低空經濟產業聚集效應和創新生態，引領低空經濟發展進入新賽道。現時內地低空經濟應用場景豐富，香港再不加快推動發展，就會落後於人。

深圳現有4739家低空經濟相關企業，居全國第一。作為低空經濟主力、「無人機之都」的深圳，早已初步形成產業集群和產業生態。深圳擁有產業優勢、政策優勢、空域優勢。以無人機為例，經過20多年的發展，深圳已擁有成熟的無人機產業鏈，覆蓋生產製造、技術研發、軟體發展、商業應用、人才培育等環節，聚集大疆、豐翼科技、道通智能、路飛智能、天鷹裝備等行業龍頭企業，產業鏈完備性世界領先。

低空經濟前景廣闊，潛能巨大。香港必須及早部署發展低空經濟策略，推動發展。政府應盡快開展各種低空經濟試點項目，尤其是試飛，否則便不知道應如何營運。

香港發展低空經濟雖有難處，但可以克服。有些人認為，香港地方密集，高樓大廈多，低空無人機飛行期間容易發生事故。但據專家指出，對比汽車，飛機及無人機是在三維空間中飛行，能調校高度，避免發生碰撞。加上現時新式無人機的螺旋槳即便損壞一半，都不會墜落，機艙內亦配備降落傘。

大灣區內的香港，曾孕育大疆這樣的無人機領域獨角獸公司。輿論也關注，香港是否可以融入大灣區的低空經濟？實際上，香港從去年以來就已「觸電」低空經濟，其中讓人印象最深的是結合節日元素的無人機表演。而在應用領域方面，消防救火、地盤勘察等已運用無人機作為輔助。

常說香港地方密集，高樓大廈多。但事實上，深圳高樓大廈的數量遙遙領先，共有 115 幢，其次是香港（94 幢）、上海（61 幢）。深圳成功克服困難，香港也可借鑑。此外，政府亦應成立低空經濟跨部門工作小組，提供一站式服務，讓企業順利啟動無人機載物和載人的試點項目。政府亦可完善相關法規，並及早研究建立配合內地智能融合低空管理系統（SILAS），助抓緊低空經濟機遇，實現高質量發展。

2024 年 7 月 2 日《東方日報》〈龍七公〉

22.
發展低空經濟
貢獻國家新質生產力

2024 年 9 月 23 日，由民建聯、香港中國企業協會資訊科技行業委員會（CEIT）及智慧城市聯盟（SCC）共同主辦的「發展新質生產力高峰論壇——構建灣區智慧城市群暨大灣區低空經濟聯盟成立儀式」在香港會議展覽中心隆重舉行。論壇中，我們向全國人大常委會委員李慧琼、創新科技及工業局局長孫東以及運輸及物流局局長林世雄遞交了《以新質生產力構建灣區智慧群政策倡議書》，希望能為大灣區的低空經濟以及智慧城市的發展建言獻策。

倡議書從「進一步推動大灣區智慧城市群互聯互通」、「在大灣區內發展跨境低空經濟」、「推動中國科技出口，以大灣區標準連通國家標準及國際標準」三個方面提出了 18 項建議，旨在促進實現大灣區內人流、物流、資金流、資訊流等高效與安全的流通，提升大灣區的綜合競爭力。促進大灣區成為低空經濟的先行者、示範區；促進國內外標準對接；促進沿線國家在新興領域的合作與交流，提升大灣區在全球數字經濟的競爭力。

首先在智慧城市建設方面，我們建議建設大灣區新型數字基礎設施、建立大灣區地理空間數據共用平台、建立大灣區綜合氣象監測預警平台、建設大灣區國際法律及爭議解決網上服務中心、成立專責小組推動 LEI 沙盒運作以及成立大灣區「產學研 1+ 計劃」等。

低空經濟是智慧城市的重要組成部分，是戰略性新興產業，摩根史丹利預測，到 2040 年，城市空中出行全球市場規模將達 1 萬億美元，到 2050 年會暴增至 9 萬億美元，預計為全國經濟發展注入新的增長動力。跨城低空經濟服務亦必然成為大灣區的新經濟增長引擎。因此香港應該抓住此機遇，「飛」出新的產業高度。所以我們發起，並邀請業界共同成立大灣區低空經濟聯盟，協調各持份者，助力政府制定政策，推動發展大灣區跨城低空經濟服務。同時，我們提出要提升灣區低空空域跨境策略的政策地位、在灣區建立低空經濟科技研發及試飛基地、設立低空經濟三網一平台架構、規劃低空通訊專用頻譜資源等多項政策建議。

無論是智慧城市還是低空經濟的發展，制定標準是關鍵。國際標準的制定一向由歐美主導。過去中國缺乏國際標準的話語權，使中國企業每年必須支付巨額知識產權使用費。隨著中國增加國際影響力，科學技術進步，各項中國研發產品搶佔世界市場，正是扭轉局勢的契機。事實上，中國大型企業正努力擺脫依賴國外技術，靠自身能力開發高質量產品。「中國標準2035」計劃，強調了標準對確立國家在各個領域的技術地位的重視。習近平主席亦指出：「誰制定標準，誰就擁有話語權；誰掌握標準，誰就佔據制高點」。在「一國兩制」的優勢下，大灣區內有兩個行政區，香港是制定跨境標準的最好測試場景。我們倡議打造香港成為國家科技出口的基地，在港成立大灣區國際標準中心，協助中國企業的科研成果成為國際標準。

香港是全球唯一匯聚中國優勢和國際優勢的世界級城市，具備便利的營商環境、優良的法治傳統、自由的經濟制度、完善的資訊科技基礎建設及金融體系，並擁有高端人才及熟悉國際市場的專業服務業。在「一國兩制」下，配合國家「十四五」規劃、粵港澳大灣區建設和「一帶一路」等國家戰略，香港定能發揮「背靠祖國、聯通世界」的獨特優勢，做好「超級聯繫人」和「超級增值人」角色，成為內地企業走向世界的「火車頭」，以香港所長貢獻國家所需。

2024 年 9 月 27 日《香港商報》〈建評〉

23.
香港必須抓緊低空經濟機遇

在今年 3 月的全國兩會上，低空經濟首次被寫進《政府工作報告》中，正式加入戰略性新興產業行列，凸顯中央的重視，開啟國家的「低空經濟元年」。有關部門明確提出，到 2030 年，內地低空經濟將達至萬億人民幣的市場規模，並為此制訂 5 大重點任務和 20 項具體工作部署。按統計，迄今至少有近 30 個省市將低空經濟寫入當地政府的工作報告中。地方政府紛紛以此「明志」，顯示對領域的重視和大力發展的決心。

近年歐美國家對低空經濟的發展亦表現濃厚興趣。繼美國在 2022 年公布《先進空中交通（AAM）領導協調法案》後，歐盟執委會亦發布《歐洲無人機戰略 2.0》，從戰略層面對低空經濟的發展進行部署。

調查指，2022 年全球民用無人機產業市場規模約 304 億美元，預計至 2026 年將增至 413 億美元。頭頂的藍天正是產業發展的下一個「藍海」。香港須抓緊機遇，參考深圳及其他成功例子，盡快開展本地各種試飛項目，成立跨部門專責小組協調工作，及研究在法規上拆牆鬆綁，推動低空經濟發展，在這一超長新興產業鏈中尋找發展新質生產力的機會。

值得一提的是，原定安排在十一煙花匯演開始前的無人機表演無法進行，港府指原因是維港上空出現由太陽風暴引致的電離層閃爍現象，令無人機無法接收衛星定位信號。這會導致無人機偏離原定航線，導致圖案散亂，甚至發生碰撞，故只能停止表演。但市民質疑為何只是一河之隔的深圳，一連 7 晚都能上演萬架無人機表演，質疑是否承辦商出現問題。

事實是，在深圳及香港表演的都是由同一間承辦商負責。兩地分別在於，深圳當晚延後了表演時間，待電離層閃爍情況減弱，就照常表演。電離

層閃爍在不同地區的強度變化很大，強弱會有不同，很難預測。就如新界落大雨，但港島區未必有雨一樣。在極高強度的電離層閃爍區域中，無人機需暫停表演，而同一時間在相對較弱的區域則可繼續飛行。深圳政府深明道理，預早通知市民當日如遇氣象變化，可能提前、延後或取消。表演以當日實際情況為準，讓市民有所準備。

低空經濟、無人機物流配送、載人等技術，在近年才開始廣泛應用。因氣象因素不能表演屬小事，不會對低空經濟整體發展有大影響，正如不會因有颱風影響飛機升降而不發展空運。相信未來技術會突破。

從今次事件可見，政府當務之急是建立一套低空空域協調管理系統。系統需能實現低空飛行活動管理、低空空域協調管理、無人機反制管理、低空營運商管理等。同時系統需與天文台合作，做好風險評估及清晰指引，以應對突發事件。新一份《施政報告》臨近，我期望政府能成立跨部門工作小組，具體提出未來發展路向，全面推進低空經濟發展。

2024 年 10 月 8 日《東方日報》〈龍七公〉

24.
從速推動低空試點及跨境運輸

《施政報告》提出發展低空經濟。港府稱，將與業界及夥伴機構合作，推行低空經濟試點項目，今年底接受申請。希望明年初陸續推行「監管沙盒」，預計首階段項目以空中監測和無人機載貨為主，地點和路線覆蓋不同地形、地貌、發展密度的地區，包括科學園、數碼港、離島和北部都會區等。政府會循序漸進地推行試點專案，以無人機載貨為起點，由近至遠、由輕至重，逐漸擴大和豐富先進空中運輸系統（AAM）的應用場景。

我一直努力推動本港低空經濟發展，對於今次低空經濟正式寫入《施政報告》表示歡迎。業界亦期待盡快開展低空經濟試點項目，期望上述試飛場景愈多、愈豐富、愈好。業界亦支持政府積極與內地商討共同建設跨境航線、出入境及清關程式安排和提供基礎設施配套等。

全國首部低空經濟法規《深圳經濟特區低空經濟產業促進條例》今年2月起實施，從基礎設施、飛行服務、技術創新、安全管理等方面助力低空經濟產業「高飛」。《條例》對低空飛行基建、空域協同管理、安全管理等予以規範。其中有不少制度創新，如要求建立低空經濟產業發展協調機制；明確建設低空飛行服務平台，為開展低空飛行活動的單位或個人提供飛行申報、飛行情報、飛行警告等服務。

《條例》並無加入香港現時的限制。現時香港法例規定無人機必須在操控者視線範圍內飛行，並只容許 25 公斤或以下的無人機飛行。低風險類別飛行高度限制在 100 呎內，高風險類別限制在 300 呎內。有關限制將阻礙低空經濟發展，需要盡快修訂法例。據《施政報告》，香港將加強與內地就

低空經濟的對接，並將修訂相關法規，包括放寬「超視距飛行」、無人機重量和載貨限制等。我均表示支持，亦相信立法會將全力配合，盡力於今屆任期內完成法例修訂。

過往香港在無人機表演、消防救援、地盤勘察等場景中，已應用無人機作為輔助。而在低空經濟的中、下游產業，如安保偵測、旅遊產品、疏導交通、降低物流及運輸成本、跨境交通等領域還有發展空間。

事實上，世界其他灣區已布局先進空中運輸系統，大灣區內低空跨城出行需求亦極大。大灣區擁有一批領先的創科企業和研發機構，包括製造研發無人機的大疆創新，以及億航智能、小鵬匯天、廣汽等低空交通行業參與者。大灣區一些大型企業亦具備低空出行需求，這些企業在進行跨國業務時，經常要從香港國際機場前往深圳總部，跨境直升機有機會將數小時的陸路口岸路程縮短為十多分鐘。就此，我認為可先由直升機跨城客運開始，之後可進一步發展至載人無人機。我亦建議政府和內地商討在香港國際機場商用航空中心及市區出入境關口實施「兩地一檢」，實現更便捷的跨城低空運輸。

2024 年 10 月 22 日《東方日報》〈龍七公〉

1

發言

1.
《保護關鍵基礎設施（電腦系統）條例草案》二讀辯論發言

多謝代理主席。我發言支持《保護關鍵基礎設施（電腦系統）條例草案》（下稱《條例草案》），並會就條例的實施細節提出建議。

在數字經濟急速發展、科技罪案及網絡攻擊加劇的國際格局下，網絡安全已經成為全球性問題及挑戰，網絡安全亦是國家安全的核心要素。例如美國供水系統遭黑客入侵，導致水質受污染；委內瑞拉發生全國大停電事件；以色列供水設施遭網絡攻擊等，均顯示關鍵基礎設施已成為國家安全的新戰場。國際電信聯盟 2023 年全球網絡安全指數顯示，香港在亞太地區網絡防禦能力的排名，已由 2019 年的第五位下滑至第八位，此消彼長的態勢值得警惕。警務處的數據亦顯示，2023 年科技罪案造成的經濟損失達 58 億港元，較 2020 年激增 217%。近年本港亦不時發生網絡安全事故，當中包括不同政府部門及公、私營機構。去年，某私營醫院遭受勒索軟件攻擊，導致急症服務中斷長達 72 小時，充分暴露了本港關鍵基礎設施的脆弱。加上地緣政治的風險，更加凸顯香港應就保護關鍵基礎設施（電腦系統）立法的必要性及迫切性。

香港作為國際金融中心和國際創科中心，正全力發展智慧城市、人工智能、低空經濟及數字經濟等戰略性新興產業。香港更要未雨綢繆，建立完善的網絡安全防護體系。

《條例草案》首次確立關鍵基礎設施的二級分類體系。第一類涵蓋八大戰略行業，包括能源、金融、交通、醫療等維繫社會運作的核心領域，是維持社會正常運作和市民生活的必需設施。第二類採用「風險導向」原則，將可能引發系統性影響的設施納入保護範圍，例如大型體育或表演設施。

此分類方法既能確保重點領域獲得充分保護，亦能保持監管框架的靈活性，值得肯定。

我認為立法後，必須考慮《實務守則》的執行細節，避免出現難以執法的漏洞。諮詢過科技業界及網絡安全專家後，我在法案委員會的會議上，就完善規管架構及優化執行層面提出建議。政府亦從善如流，表示會經詳細考慮，適當加入在《實務守則》裏。

就完善規管架構方面，我建議將中央結算系統及「積金易」納入關鍵基礎設施。強積金系統管理全港 460 萬名僱員的退休資產，「積金易」平台日均處理 20 萬宗交易。因此，我建議將積金局納入規管，並針對退休金系統，制訂專項安全標準。另外，我亦建議將應急計劃標準化。《實務守則》應明確要求應急計劃需符合 ISO 22301 的國際標準，這是一項業務連續性的管理標準，並應參照 NIST Cybersecurity Framework 建立風險評估機制。

就執行層面，我亦有以下建議。第一，人員培訓制度化。我建議強制要求關鍵崗位的人員每年接受一定時數的認證培訓。另亦要建立基於 NICE 框架的能力矩陣，並定期進行模擬攻擊的演練。以往不少網絡攻擊事故發生後，員工可能因為未曾接受過適當培訓，或機構指引不夠清晰，誤以為重新「boot 機」（啟動系統）便可挽救，以致錯誤清洗了「瞬間靜態數據」紀錄。「瞬間靜態數據」紀錄是搜證的重要工具，若缺乏處理指引，可能導致數碼鑑證中重要證據的流失，令搜證工作變得非常困難。

第二是跨境數據管理。我們知道，很多關鍵基礎設施可能會涉及第三方服務商及跨境數據。因此，我們建議建立數據分類存儲機制，核心數據應強制本地備份，並應參考《一般資料保護規則》（GDPR）第 28 條，規範第三方服務商的契約義務，以及制訂數據出境安全評估指引。

網絡安全是智慧城市發展的免疫系統，保護關鍵基礎設施則是系統的淋巴。《條例草案》標誌著香港網絡安全治理進入新階段。我期望當局採納科技業界的建議，在《實務守則》中加入更多戰術性的操作安排，令香港成為區域網絡安全的典範。

代理主席，我謹此陳辭。

2025 年 3 月 20 日

2.
《為數字經濟和電子政務立法》議案發言

主席，我感謝簡慧敏議員提出《為數字經濟和電子政務立法》議案，我非常支持。

回顧香港的相關發展，政府早在 2004 年已經設立數碼 21 資訊科技策略諮詢委員會。我由 2006 年開始參與，到了 2017 年就公布《香港智慧城市藍圖 1.0》，接著又公布《香港智慧城市藍圖 2.0》。由此可見，香港其實起步早，但走得慢，有點像龜兔賽跑。市民總是感受不到智慧政府如何令生活變得更好，所以我們確實需要急起直追。

今次議題的著眼點是「立法」，為何要立法呢？我相信，立法最重要是令智慧政府和數字經濟的發展更暢順、更好和更踏實。要發展智慧政府，最重要當然是以民為本，做到真正互聯互通。如要市民真正感受得到，我認為國內的經驗十分值得參考。

回看過去 10 年，國家在發展數字政府方面成績驕人，數據共享和開發利用均十分出色。在實踐方面，他們認為，最成功的是做到「最多跑一次」、「一網通辦」、「一網統管」、「一網協同」、「接訴即辦」。如果能做到，市民當然會覺得生活有改變、與政府的關係有改變、政府的施政有改變。

其實，國家現時發展數字政府最重要的理念是甚麼？就是「發揮數字政府建設對數字經濟、數字社會、數字生態的引領作用，促進經濟社會高質量發展，不斷增強人民群眾的獲得感、幸福感、安全感，為推進國家治理體系和治理能力現代化提供有力支撐」。這是很值得香港政府參考。如果我們真正想要發展數字經濟及數字政府，最重要是令市民有幸福感、獲得感和安全感。

談到立法，我覺得以下 3 點最為重要。第一，是國家安全；第二，是有利營商環境；第三，是令市民覺得有保障。國家就此訂立《數據安全法》及《個人信息保護法》。我多年來一直指出，香港的《個人資料（私隱）條例》過分落後。今次《施政報告》提出修例，當然是好消息，但同樣需要解決日後發展數字經濟和智慧政府時面對的若干實質問題。

舉例來說，除了發展無人駕駛，香港接下來亦需要發展無人商店。但現在香港沒有法例規管這類商店。英國於五月公布了《數據改革法案》（Data Protection and Digital Information Bill）。此法案旨在解決甚麼問題？主要是要解決數據保護規則與人工智能技術之間的矛盾，令日後使用人工智能時有法可依。此舉正是在看到真正問題後逐點解決。

因此，要發展數字政府，接下來也要處理很多問題，例如開放數據（open data）。此事已經討論多年。第一，政府必須真正開放有用的數據。第二，保持數據流通。現時政府部門與部門之間的數據不能互通，我們亦無法向商界索取數據。立法時可以參考海外法例，例如美國紐約市早於 2012 年已通過《開放數據法》（Open Data Law），訂明何為公共數據。如屬公共數據，政府便可使用。這些立法工作，我覺得可以參考，但最重要是快，真的不能再拖，因為我們已經拖了很久。

由於發言時間有限，我只能說到這裏。我希望日後能夠與局方有更多交流，希望我們可以盡快做好立法工作，推進香港智慧城市及智慧政府的發展。

主席，我謹此陳辭。

2022 年 10 月 27 日

3.
《提速智慧城市社區設施建設，消除數碼鴻溝》議案發言

主席，現在人人拿著手機上網便能知天下事，大家又知不知道失明和殘疾人士如何上網呢？

視障人士閱讀網上資訊時，要利用熒幕閱讀程式將網站內容朗讀出來，或者改變網頁的顏色比例，讓視障人士易於閱讀；聽力障礙的朋友則依靠字幕或手語視頻；行動不便的朋友就要用鍵盤導航選項、語音命令或可訂製的界面等。

隨著香港人口老化問題愈來愈嚴重，很多長者或會面臨視力、聽力或身體機能衰退等問題，增加使用數碼平台的挑戰。如果網站是採用 W3C 的國際無障礙網站標準來設計的話，就能夠滿足不同人士的需要。

主席，我多年來倡議推動香港發展智慧城市，於 2001 年已經推動要縮窄香港的數碼鴻溝。我們希望所有網站——至少是大部分——都是無障礙網站建設，讓每位市民都能夠獲得同等的資訊、機會和服務。

我很高興看到新一份《施政報告》提到要加快數字政府建設，全力推動政府服務數碼化。政府亦正在提升「智方便」平台，聯通各部門，提供「一網通辦」的智慧政府服務。但現時政府很多網上服務並非無障礙設計，造成失明及殘疾人士、長者的科技障礙。

事實上，每當政府推出需要在網上登記的服務時，例如疫情期間的「安心出行」、網上預約檢測及注射疫苗、消費券、「智方便」等，我們的辦事處都會接獲很多市民求助，當中包括長者及不同殘疾人士。

所以，我提出的修正案中，建議政府將數碼無障礙環境融入智慧城市的設計，包括所有網上政府服務。在設計上必須充分考慮到殘疾人士的需

要，以及他們使用時可能遇到的實際困難。

主席，近年來，公眾對企業在環境、社會和管治（ESG）方面的實踐愈來愈重視，平等提供服務變得非常重要。我期望所有企業都能以企業社會責任（CSR）的精神，努力提供無障礙的數碼服務。

其實，推動數碼無障礙能夠提升用戶體驗、擴大市場和提升企業形象，因此值得納入公司策略。要有效地推動數碼無障礙，必須是從上而下的參與。除了要為員工提供專業培訓，增加對數碼無障礙的知識和技能之外，亦要明白創造數碼無障礙的重要性。管理層更要以身作則，積極參與培訓和教育活動，以示對數碼無障礙的承諾和重視。

其實有調查發現，6 個本地最常用的網上購物平台，其應用程式均未符合無障礙設計功能，殘疾人士及長者難以使用。疫情期間，他們經常需要我們協助購買藥物及食品，情況並不理想。

所以，我的修正案中亦提到，要推動企業提供無障礙網上服務，盡企業的社會責任。政府亦要提供更多支援，並加強宣傳數碼無障礙環境（例如建設無障礙網站等）對弱勢社群的重要性，提高社會的意識。

我很期望政府可以認真考慮建設真正無障礙的智慧城市，做到線上、線下無障礙。並提供更多數碼科技支援，幫助弱勢社群跨越數碼鴻溝，打造真正關愛共融的社會。

主席、各位同事，其實對很多殘疾人士，尤其是失明人士而言，利用數碼科技、上網，是打開新世界的方法。有很多他們以前沒辦法接觸的資訊和機會，因為無障礙網站而接觸得到。所以，對他們而言，無障礙網上服務是非常重要的。而香港在這方面的發展仍然緩慢。

主席，我謹此陳辭。我支持原議案，亦希望各位支持我的修正案。

2023 年 11 月 8 日

4.
《加速發展智慧政府，更好協助市民融入大灣區生活》議案發言

主席，我支持梁子穎議員提出《加速發展智慧政府，更好協助市民融入大灣區生活》議案，及兩項修正案。

國家在「十四五」規劃中，明確提到要建設數字經濟，建設「數字中國」。建設智慧城市是「數字中國」的重要內容，是城市運作和核心競爭力的重要體現。

2019 年國家頒布《粵港澳大灣區發展規劃綱要》，強調建設智慧城市是大灣區發展其中重要一環，並為在粵港澳大灣區內建成智慧城市群明確指出內容，包括：探索建立統一標準；建設互通的公共應用平台；大力發展智慧交通、智慧能源、智慧市政、智慧社區等。

香港政府的「智方便」近年不斷提升功能和增加服務，現時已超過 330 萬登記用戶，逐漸做到「一網通辦」。香港亦與廣東省合作推出「跨境通辦」，讓兩地居民無需跨境，即可在網上處理兩地政務事項。亦成功向國家網信辦爭取政策突破，推出「大灣區個人訊息跨境流動標準合同」措施，便利兩地企業進行跨境業務，促進香港更好地融入大灣區的數字經濟發展。

就建設粵港澳大灣區智慧城市群，我創辦的智慧城市聯盟早前亦連同中國企業協會資訊科技委員會，提出了一系列的建議。由於時間有限，我今日重點講述幾個。

第一，建設大灣區新型數字基礎設施，包括，加大力度推動全光網路、智慧算力、跨境海陸纜、衛星通信等新型基礎設施的建設。優化布局和廣泛應用，推動大灣區網絡、算力、數據的一體化。

第二，由發展局和地政總署牽頭推動空間數據共享平台（CSDI），把各式資訊連結地理空間位置，公開讓市民使用。這正可以作為與區內各城市對接的最佳示範和溝通工具，建立大灣區地理空間數據共享平台，組成「一張圖」方案。

第三，中國氣象局指出，大灣區是典型的氣候脆弱區，建議由土木工程拓展署開發的聯合運作平台（COP）對接廣東省應急指揮系統，建立大灣區綜合氣象監測預警平台。統一規劃、推動粵港澳三地氣象業務的深度融合，共同建立及完善三地災害會商、資訊互通、協同處置機制，實現區內防災減災先進技術的裝備共享，保障民生安全。

第四，香港及大灣區各個城市都正大力推動低空經濟發展，跨境低空運輸將會帶來最大的經濟效益。建議政府繼續與內地城市商討，推動大灣區內發展跨境低空經濟，盡快落實跨境試飛航線。

第五，大灣區內多個城市因法律體系和行政管理制度的差異，跨境交易和資訊互換流程仍面臨諸多挑戰。建議區內建立互信的認證機制和系統，連結三地同步發展。政府可成立專責小組，加入線上糾紛解決機制（ODR）和全球法人識別編碼（LEI）的沙盒，讓大灣區的銀行、金融機構以及金融科技公司參與，協助灣區建設可持續的智慧金融。

第六，在香港成立大灣區國際標準中心。制定國際標準，打造香港成為國家科技出口的基地，以吸引更多科創企業及人才來港發展。

第七，建議大灣區內各政府可參考香港「產學研 1+ 計劃」，共同成立大灣區「產學研 1+ 計劃」。支持粵港澳不同團隊授權區內的大學，開發不同的應用方案。

我們身處於科技時代，香港未來經濟發展離不開科技創新及與大灣區各城市的融合發展。政府應盡快並主動為構建大灣區智慧城市群發展，訂定進取的目標和時間表，令各項目落實有期，為香港締造創新經濟增長點。

主席，我謹此陳辭。

2025 年 3 月 27 日

5.
行政長官互動交流答問會——《建立聯合應急機制》

主席：葛珮帆議員，請發言。

葛珮帆：人民至上、生命至上，所以我非常支持香港和大灣區城市建立聯防聯控、優勢互補的聯合應急機制，保障人民的生命財產安全。我希望能分享一點看法。

政府的跨部門團隊可以就以下五個方面工作：第一，跟內地相關部門建立常設溝通渠道，制訂聯合應急機制；第二，建立信息共享機制，和市民分享實時準確的信息：香港已經建設好聯合運作平台（COP）和空間信息共享平台（CSDI），可以對接廣東省應急指揮系統，共享預警系統、災情資訊、聯合運作等信息，確保應急處理的效率和準確性；第三，人才培養和培訓：除了組織聯合演練，亦可以按不同情況，建立實戰訓練基地，培養應急管理和救援科研的人才；第四，建立區域應急中心，協定裝備、物資及倉儲，為救援隊伍和應急物資準備跨境綠色通道；第五，制定相應法律，明確各方的責任和義務。

其實建立聯合應急機制，還可以促進建設大灣區的智慧城市群。建設國際性的應急人道救援平台，更可以成為國際窗口，跟大灣區各城市一起服務全球。現時大灣區正在建設 3 個國際和國家性的應急救援平台：廣州有聯合國全球人道主義應急倉庫和樞紐；潮州市正建設東南區域應急救援中心；江門市則有中國—太平洋島國防災減災合作中心，今年 3 月投入使用。這些平台若結合香港的優勢，包括應急救援的經驗、聯通世界的能力、優越的地理位置、科研實力和金融創新等，將可以跟亞洲地區以至國際社會共同防災、減災，積極應對災害的挑戰。杜拜近年利用自身優勢，成功打造為國際人道主義城市，值得我們參考。

繼成功參與土耳其救援，我相信香港未來可以在國際救援和防災人道救援工作上作出更大擔當和更多貢獻。多謝主席。

主席：行政長官，請發言。

行政長官：多謝葛議員剛才的意見。我知道葛議員多年來是保安事務委員會成員，對保安事務非常熟悉，所以保安局得到葛議員的意見後，應該較容易做事。

剛才葛議員提到，跟保安局現時積極籌備的大灣區互動應急機制很類似。這些要點其實都是我們希望能共同跟內地一些單位建立的，要看看有沒有共識。據我所知，保安局局長已經跟內地有關單位溝通，他們對保安局提出建立大灣區應急機制持正面態度，相信局長很快會跟他們進行大規模會議。屆時有何進展，會向大家公布。多謝主席。

2023 年 7 月 13 日

6.
《制訂「人工智能 +」策略》議案發言

多謝代理主席。在今年全國兩會上，人工智能(AI)再度成為焦點，《政府工作報告》首次提到展開「人工智能 +」行動。

「人工智能 +」是推動新質生產力的核心動力，從自動駕駛、智慧城市的發展、醫療診斷到低空經濟，都必然用到 AI。生成式人工智能 ChatGPT 現時成為最火爆的賽道。AI 的迅速發展，帶來無限機遇，亦帶來很多挑戰。

世界互聯網大會現正在烏鎮舉行。國家主席習近平致辭時表示，當前新一輪科技革命及產業變革迅速發展，人工智能等新技術大幅提升人類改造世界的能力，同時亦帶來一系列難以預知的挑戰。

國務院副總理丁薛祥亦指出，當前互聯網、大數據、雲計算、人工智能、區塊鏈等技術不斷取得突破，正全面賦能經濟社會發展。但數字鴻溝仍在擴大，網絡安全形勢亦更加嚴峻。他提出要提升網絡安全防護水平，深化網絡空間安全合作，打擊各類網絡違法犯罪行為，並強化技術向上，妥善應對 AI 等科技發展帶來的規則衝突、社會風險和能力挑戰。代理主席，以上提及的全是香港發展 AI 時要充分考慮的要素。

我們在推動科技創新技術發展的同時，亦要考慮完善法規和法則，以及政府網絡安全和國家安全的風險。所以我很支持黃錦輝議員提出的議案，以及他早前向大家提交的《「人工智能 +」策略》建議書。首先，一定要有頂層設計及政府的引領，所以我們認為政府應盡快訂立「人工智能 +」策略，重新定位 AI 的發展規劃及制訂明確的發展策略，推動在港建立全面的「人工智能 +」生態系統。我亦認為政府應設立「人工智能 +」發展策略委員會，以落實相關策略。

在這個 AI 時代，唯有掌握 AI，企業和個人才能保持競爭力，否則可能會在未來被淘汰。事實上，未必每個人都明白 AI 的重要性，亦未必有機會學習 AI，所以數字鴻溝可能會進一步擴大，這正是社會必須處理的問題。

我過去 10 多年一直推動 STEM 教育，爭取在中小學加入 AI 課程，確保所有學生都有機會學習使用 AI。我知道教育局計劃明年大力推動 AI 教育，我期望能夠看到好成績。教學方面亦應該盡量利用 AI，減輕教師工作量，提升教學質素。

我亦大力推動低空經濟，並十分歡迎政府接受了民建聯的倡議，推動低空經濟。在低空經濟的發展上，一定會需要用到 AI。唯有 AI 用得好，才能確保低空飛行器可以根據預先設定的航道飛行，才能確保飛行安全。我們亦需要盡快建立具備 AI 支援的低空空管系統。

但是，在推動低空經濟發展的過程中，我們發現，無論是內地、海外還是香港，每個地方都非常缺乏 AI 人才。我們應該調整大學學科，設立專門的人工智能課程和培訓計劃，為香港和國家培養高質量的 AI 人才。

政府的引領對 AI 發展非常重要，所以我們認為政府應該在各個政策範疇和服務中，廣泛應用 AI。同時，至少大部分公務員都應該接受人工智能的培訓。政府亦應鼓勵商界、學界和非政府組織廣泛使用 AI。面對人口老化問題，我們應該鼓勵長者使用 AI 和科技，以有效解決相關困難。然而科技產品的成本較高，政府應提供長者科技券，減輕長者負擔。

代理主席，科技創造未來，持續推動 AI 發展會為各行各業帶來革新，促進科技的應用和新商業模式的誕生，並改善香港的競爭力和市民的生活質素。因此，我們希望政府能夠接納建議，盡快制訂「人工智能 +」政策，引領香港發展卓越人工智能。

代理主席，我謹此陳辭。

2024 年 11 月 21 日

7.

《推動高質量發展，建設金融強國》議案發言

感謝李惟宏議員提出《推動高質量發展，建設金融強國》議案，我非常支持。

在國家政策的支持下，香港作為國際金融中心，必須積極探索，抓住新興金融產業的發展機遇，推動金融業實現高質量發展。以下我將從三個方面，分享我對科技金融和數字金融的看法。

第一，發展以區塊鏈技術為基礎的新興金融產業，助力金融業轉型升級。區塊鏈技術的應用正在全球掀起一場變革。隨著特朗普勝選，美國已經逐步成為全球 Web 3.0 產業的中心，吸引了大量資本和人才流入。同時，全球投資者對 Web 3.0 產業相關的數字資產，以及實體世界資產 (RWA) 的需求亦持續增長。根據 The Block 的數據，僅 2023 年，Web 3.0 行業的融資規模已超過百億美元。

相較於美國，香港在區塊鏈和 Web 3.0 領域的推進速度仍顯緩慢。例如美元穩定幣 USDT 已經達至市值 1300 億美元，其母公司其實在初創階段時於香港成立。然而，如今香港卻未能在穩定幣市場佔據重要位置，港元穩定幣的推進速度亦遠不及市場預期。

因此，香港更應積極支持以區塊鏈技術為底層的新興金融產業發展，吸引全球 Web 3.0 企業及創新項目來港，為香港的金融業注入新活力。

第二，對標習主席提出的「六個強大」，抓住香港作為國際金融中心的比較優勢，重點發展貨幣與金融基礎建設。習主席提出的金融業高質量發展要求具備「六個強大」，包括強大的金融機構體系、強大的金融市場體系、強大的現代金融企業、強大的金融基礎建設等。香港的優勢在於國際化、

法治化的金融環境，所以我們應當重點圍繞貨幣和金融基礎建設進行突破。以 RWA 為例，根據統計，截至 11 月，其資產總市值已經超過 134 億美元，並呈現出快速增長的趨勢。香港作為國際金融中心，應當積極參與，並引領 RWA 發展。

在這方面，我覺得香港可以做兩件事。第一，在監管層面設立友好且明確的框架，為 RWA 資產的發展提供法規保障。第二，在產業層面鼓勵創新，支持本地企業嘗試多樣化的金融產品與服務，形成創新金融生態圈。同時，透過 RWA 機制，內地資產能以數字形式在香港進行跨境融資，促進資本市場互聯互通，提高資金配置效率與靈活性。

第三，抓住 RWA 和穩定幣的機遇，推動金融業高質量發展。RWA 的快速發展，其實不僅是技術創新的體現，亦是實現科技金融、綠色金融、普惠金融、養老金融及數字金融的關鍵。例如在綠色金融領域，RWA 可以幫助實現碳交易市場的透明化和標準化；在普惠金融領域，RWA 可以將小型企業的應收帳款轉化為金融資產，幫助解決資金短缺問題。

同時，穩定幣的快速增長亦表明，市場對於低成本、低波動的數字資產需求非常高。所以，香港亦應當加速推進港元穩定幣的研發和落地，搶佔全球穩定幣市場的份額。

總而言之，我們應該以區塊鏈技術為切入點，抓住 RWA 和穩定幣這兩大發展機遇，從技術創新到政策支持，全方位推動香港金融業的高質量發展。希望我們可以共同努力，為香港建設成為金融強國的重要支柱貢獻力量。

2024 年 11 月 27 日

8.
《跟進國家主席習近平 2022 年 6 月 30 日的重要創新科技指示》議案發言

主席，國家主席習近平在去年 6 月來港視察期間，就推動香港創科發展作出重要指示。他希望香港發揮自身優勢，匯聚全球創新資源，與粵港澳大灣區內地城市珠聯璧合，強化產學研創新協同，著力建設全球科技創新高地。國家支持香港建設國際創科中心，所以香港應加大力度，更全面地推動創科發展，積極對接國家的戰略，為建設國家成為世界科技強國作出貢獻。

主席，由於時間所限，我今天想集中談談人才和數據兩方面。習近平主席在科學園的談話中，強調青年人才對創科發展的重要性，提出「人才先行」。我非常同意，亦認為香港政府應該要特別重視。

我不知道大家是否留意到，最近有一名男學生失蹤了 8 天。消防處運用最新的創新科技，最後成功尋回該名學生。消防處所運用的科技，結合了地理資訊和人工智能，可以迅速地分析超過 1 萬張由無人機拍攝的照片。以往用肉眼分析，可能需時 8 小時，但現時則可以縮短至約 2 小時。

為何我要提出此事呢？大家可能不知道，該套軟件原來是由一間初創公司研發。研發者其實是兩名 25 歲年輕人，於 2020 年創業。由此可見，年輕人甚具創意，如果給予機會，他們是有能力研發出可以拯救生命的技術。

單靠吸引外來人才——當然，政府做了多項工作，我十分認同——我認為並不足夠。我們應該向政府重申，要吸引外來人才來港，就應該鼓勵他們在港置業。因此政府應該考慮撤銷對外來人才施加的「辣招」。

主席，我想指出，更重要的是培養本地人才。我提出這觀點最少已有

10 年。由我加入議會的第一天開始，我已經指出必須從小培養人才。我認為，中小學的創科教育應該獨立成科，以便提早培養創科人才。從其他地方的例子可見，自幼稚園已開始培養兒童對創科的興趣和能力，但香港現時仍停留在興趣班，這是不能接受的。此外，報考香港中學文憑考試的物理科、化學科、生物科的中學生寥寥可數，少於 9%。試問如何培養國家所需的創科人才呢？我認為有需要改革大學的收生制度，讓更多學生從小開始培養對科學的興趣，這樣便可以從小開始培養創科人才。

第二，數據的重要性。創科界經常說道：「得數據，得天下。」不論發展甚麼範疇，例如林順潮議員十分關心的生命科技、吳傑莊議員十分關心的 Web 3.0，或尚海龍議員十分關心的 AI，都不能沒有「數據」。要做好數據方面的工作，便需加快發展超算中心，並且成立專門部門（例如大數據局）處理相關的法例或應用，亦應該加快落實跨境數據流通。有見及此，我早前向政府和立法會發信，提出 12 個跨境數據流通的應用場景，希望政府可以盡快提出相關措施。

我最後想提出的是，創科發展必須符合國家所需。國家現時最需要的是甚麼呢？就是新能源。正如陳紹雄議員指出，我們希望大力推動政府發展新能源，不論是太陽能還是氫能，其實都是國家現時非常需要的。香港在這方面有優勢，希望可以做得更好。

主席，我謹此陳辭。

2023 年 10 月 19 日

9.
《強化治理體系，進一步增強「三個中心」相扣牽引作用》議案發言

代理主席，感謝簡慧敏議員提出《強化香港治理體系，進一步增強「三個中心」相扣牽引作用》的議案，這是關乎香港未來發展的重要課題。尤其面對全球技術革新和國際競爭加劇，我們有必要深入探討如何利用包括人工智能（AI）、Web 3.0、區塊鏈及現實世界資產（RWA）等創新技術，來進一步提升治理效能，鞏固香港作為國際金融中心、國際航運中心和國際貿易中心的地位。

這些創新技術不僅是推動香港經濟高質量發展的重要引擎，亦是強化治理體系、提高競爭力的關鍵工具。以下，我將從「三個中心」出發，探討如何利用人工智能和區塊鏈技術為核心，進一步實現創新性突破。

「三個中心」構成香港經濟的主軸，包括金融、航運和國際貿易中心。它們之間相扣牽引，形成了一個動態的經濟體系。金融中心為航運和貿易提供資金支持；航運中心的物流網絡促進了跨境資金流動和商品交易；貿易中心則為金融市場創造了資本需要和投資機會。三者的協同效應為香港的繁榮奠定了堅實基礎。

然而，在數字化和全球化下，創新技術正在重塑全球經濟秩序。香港要維持競爭優勢，必須抓住人工智能、區塊鏈等新技術帶來的機遇，為「三個中心」注入新動能。

香港作為國際金融中心，更應積極推動人工智能技術在金融領域的應用，提升金融市場的效率、透明度和創新能力。例如，監管科技（RegTech）的實施，包括人工智能等，可以幫助監管機構實時監控市場運行的情況，快速識別違規行為。香港可以發展成為全球金融科技監管的典範，為其他司法

管轄區提供參考。

結合區塊鏈的現實世界資產（RWA）技術可以讓實物資產（例如地產、藝術品或大宗商品交易）轉化為數字資產，並透過 AI 實現高效的市場定價和風險分析。這不僅提高資產的流動性，還能為投資者提供更多選擇，進一步鞏固金融中心的地位。

另外，香港作為國際航運中心，亦需要引入人工智能及區塊鏈技術，全面提升物流效率和供應鏈的透明度。我們應積極探討航運運力 RWA、電子提單代幣化等應用場景及相關應用潛力，以應對全球航運業的需求。例如，AI 可以幫助監控船舶的碳排放，並通過優化航線和燃料使用，推動航運業向綠色低碳轉型，助力航運業加入全球碳交易市場。

此外，隨著全球貿易的數字化轉型，香港需充分利用人工智能和 Web 3.0 技術，打造智慧化貿易平台，進一步提升貿易效率和競爭力，強化國際貿易中心地位。例如，區塊鏈的智能合約可以自動執行貿易協議，減少人工干預。AI 算法亦可以優化貿易流程，實現從訂單到結算的全自動化操作，提升效率並降低成本。Web 3.0 技術可以構建去中心化的貿易網絡，讓企業和消費者直接進行點對點交易，降低中間成本。

強化治理體系的根本目的是促進經濟高質量發展，並惠及全體市民。我們需要確保 AI、區塊鏈、Web 3.0 及 RWA 等技術的應用，能夠為香港的中小企業、年輕創業者及普通市民帶來實際收益。我有以下幾項建議。

第一，頂層設計方面，希望政府可以透過跨部門協作，共同推動「三個中心」。第二，政府應該利用人工智能優化公共服務流程，以創新技術支持制度創新，盡快落實「一網通辦」，實現智慧化的政務申請，簡化流程，提升市民和企業的辦事效率，減低行政成本。我們應建立人才高地，吸引並培養人才，進一步增強「三個中心」的能力。第三，我們也應更積極地與內地及國際合作、推動參與全球經濟的規則。

主席，我謹此陳辭。

2024 年 12 月 4 日

10.
動議《推動低空經濟發展》議案發言

主席，我動議通過印載於議程內的議案。

低空經濟是全球競逐的戰略新興產業，是國家培育和發展新質生產力的重要方向之一。低空經濟是指開發和利用低空，即地面至 1000 米高度範圍以下的商業和服務機會，包括有人或無人駕駛飛行器的研發製造、低空出行、航空旅遊、物流運輸、無人機攝影、檢測、表演等。

2023 年中央經濟工作會議把低空經濟確定為戰略性新興產業。今年，國務院總理李強在工作報告提出要加快發展新質生產力，強調要以科技創新推動產業創新，積極培育新興產業和未來產業，積極打造低空經濟等新增長引擎。

其實，國家從 2010 年已經開始著手低空空域管理改革的頂層設計。至今，已有不少於 16 個省份將低空經濟列為重點發展目標之一，深圳市政府更提出建設低空經濟中心。估計 2030 年低空經濟規模有望達到 2 萬億元。而美國、英國、澳洲和中東國家等也在發展低空經濟，摩根史丹利預計，全球低空經濟市場規模在 2040 年將達 1 萬億美元，至 2050 年更會升至 9 萬億美元。

隨著近年內地低空飛行服務保障體系不斷完善，低空經濟的應用場景亦愈趨廣闊及成熟，除了警用、海關及軍用，亦廣泛運用於農業、工業和服務業等各行業。今年 2 月，空中的士（eVTOL）成功試飛，由深圳到珠海只需 20 分鐘，遠比陸路 2.5 小時的車程短。預計 2026 年起便可投入市場，每位單程收費可望低至 200 至 300 人民幣。

城市內和城際間點對點低空出行，將成為未來出行的重要方式。上月深圳梧桐山亦舉行了乘坐空中的士直升機活動，是一種從高空欣賞杜鵑花海的旅遊方式。廣州市上月開通了首條「低空生命線」，醫療物資運輸進入低空速遞新時代。未來還會應用在醫療急救用血、應急藥品、危急病人快速運輸等方面。內地小鵬汽車早前更宣布發展飛行汽車，並預計在 2025 年第四季量產。

在可見的將來，國家除了有車輛和高鐵在地上行走，天上亦會有低空航道，提供更快捷、更便利的出行選擇。若香港不及早部署低空經濟的頂層設計及落實發展，未來可能會成為全國唯一沒有發展低空經濟，只能依靠地面出行的落後城市。

因此，民建聯建議政府成立跨部門工作小組，為香港制訂「香港低空經濟戰略發展規劃」，明確香港低空經濟發展的目標、步驟以及產業支持政策。並應積極檢視空域管理和法規、基礎設施、安全措施等方面的政策與規例，全面支持低空經濟發展。

香港要發展低空經濟，我認為短期內可最先實現、可行性最高的是直升機跨境通航服務。商界向我表示，大灣區內的直升機跨境服務需求很大，我建議當局考慮在機場北跑道的北面及蓮塘口岸設立升降坪和「一地兩檢」設施，為往返內地人士提供低空出行服務。政府亦可向在大灣區居住、安老的市民提供快速回港的運載服務。保險業界亦向我表示，對開拓此方面的受保生意甚感興趣。此外，回顧香港電商服務的發展，最大的瓶頸是運輸成本和時間，利用低空經濟將可大大降低營運成本。其實所有新發展區（尤其是北部都會區）應該預早規劃，分階段推動以低空經濟提高跨境服務的效益，並推動區域經濟共同發展。當然，香港亦應積極開拓無人機電子裝備與物料等的研發，以助國家在上游產業實現技術突破。

香港發展低空經濟將會面對很多困難和挑戰。但當全國都在積極發展的時候，面對無限發展機遇，香港為何不及早部署？發展智慧旅遊：除了無人機表演，為何不推動低空遊覽地質公園？發展智慧出行：為何不發展空中的士，解決塞車問題？發展智慧醫療：為何不用無人機送藥到偏遠地區，或緊急運送病人到醫院？無人機可以幫忙搜救行山人士，為何不也應用在海上救援，挽救生命？

發展低空經濟，能直接讓市民受惠，必定會為市民帶來更大獲得感和幸福感。香港需要發展多元經濟，要以科技推動各行業創新發展，要持續激發和增強社會活力，要大膽創新，尋求突破，要讓市民看到，在新的科技年代，香港不會落後於人，我們無須不停「追落後」。通過今次的議員議案，我希望政府能聆聽我們的聲音，大力推動低空經濟的發展。

主席，我謹此陳辭。

2024 年 4 月 10 日

11.
行政長官互動交流答問會——《推動發展低空經濟》

主席：葛珮帆議員，請發言。

葛珮帆：多謝主席。行政長官，新質生產力強調要及時將科技創新成果應用在具體產業上，改造傳統產業。低空經濟是國家戰略性的新興產業之一，可以啟動立體空間資源，創造新經濟動力。內地各個省市都正大力發展低空經濟，本月初，廣東省政府已經成立工作專班，分 6 個專項小組開展工作。我最近與多位立法會議員一起前往大灣區考察內地的低空經濟發展，亦親身試坐載人觀光無人機。

我們看到內地低空經濟的應用場景已經非常豐富，涵蓋運輸物流、安保、救援、城市管理、旅遊娛樂等方面。航機已經完成試飛，甚至投入使用了好幾年。相關法規和低空空域管制系統亦逐步完善。香港如果不加快推動低空經濟發展，未來在國家，尤其大灣區，可能會成為落後城市。但是，低空經濟的政策橫跨多個政府部門，行政長官會否考慮參考 2022 年成立氫能源跨部門工作小組時的做法，成立低空經濟跨部門工作小組，制訂低空經濟發展策略，統籌各個政策局和部門的工作？小組可提供一站式服務，讓企業進行不同場景的低空無人機載物和載人試點項目，並盡快完成相關的法規，推動本地低空經濟發展。

主席：行政長官，請發言。

行政長官：主席，多謝李議員和葛議員就新質生產力的兩個重要議題提出發問。氫能和低空經濟都很重要，亦是剛才我引述國家《政府工作報告》中，要求我們做的新質生產力領域。

關於低空經濟，我覺得絕對是有發展空間，但有一些難處，希望與大家一起探討。當然，低空經濟現時發展蓬勃，內地發展得很快。其實我相信全世界裏，低空經濟發展得最好的當然是我們國家，所以我們國家會是一個科技強國，我們都感到很驕傲。

作為大灣區的其中一個城市，如何共同在大灣區發展低空經濟，我想聽聽葛議員的意見。我們經常都會聽到因為香港地方很密集，高樓大廈多，低空經濟的低空無人機，要飛往不同區域，如何保障安全？如果突然發生事故，地面人群多，亦有一些陸地交通航線等，又如何保障陸地安全？我想先聽聽意見，然後才整體表達我對推動低空經濟的想法。主席，請容許我請葛議員在這方面再給予一些意見。

主席：葛珮帆議員，請發言。

葛珮帆：行政長官，就安全性的問題，我們在內地與企業交流時，都問及他們關於這方面的問題。在道路上行駛的汽車，我們稱之為 2D 場景，是很容易發生相撞，但在空中是一個 3D 場景。現時內地有不同企業正試行低空經濟，以送貨為主。他們安排在不同的高度飛行，避免空中相撞。現時新式的無人機與飛機不同，飛機可能因為引擎損壞墜機，但無人機有很多不同的螺旋槳，即使有一半損壞了，也不會墜機。而且現時無人機已經配備降落傘，減少乘客受傷機會。加上內地正使用名為 SILAS 的低空管制系統，負責低空空域管制。如果我們要長遠發展，其實香港也需要同類系統。

如果我們真的要發展低空經濟，最重要的是要試飛。如果不嘗試，我們就不會知道如何應用在香港的環境。我與不同業界接觸，他們都認為香港有很多試飛的場景，可以立刻試行。我今天想向行政長官建議三個具體的試點，希望行政長官可以考慮。

第一個是直升機跨境載人服務。其實，低空經濟並不限於無人機，直升機也是低空經濟的一部分。我建議在香港國際機場實行「一地兩檢」，讓國際航班的旅客可以轉乘直升機，直接飛到大灣區城市的龍頭企業總部。這樣可以大幅縮短國際商務人員經香港到達大灣區的時間，進一步鞏固香港作為國際機場航空樞紐的地位。隨後，亦可以考慮在蓮塘口岸設置直升機升降點，未來再加入無人機載客服務，進一步降低成本和收費。

第二是低空外賣速遞。香港經常塞車，市民叫外賣通常都要等很久，到達時會「由熱變冷」、「由冷變熱」。內地的外賣速遞公司已經開始採用無人機送外賣，我希望香港也可以盡快試行。

第三是低空觀光旅遊。大灣區發展低空觀光旅遊至今，已有 30 多個試點，並已飛行數年，預計今年內會逐步開始營運。每次飛行 10 分鐘，只需二、三百人民幣，其實對旅客很有吸引力。香港擁有豐富的自然資源，亦有世界級的地質、郊野公園，亦有很多十分美麗的海岸線和島嶼，但現時未能完全發揮其作用和價值。所以，我建議利用低空載人飛行器從西貢萬宜水庫飛到地質公園，以及在島嶼之間先行發展低空觀光旅遊。之後再發展「點對點」的空中的士服務，既可以作為快速運輸工具，亦可以提供應急救援和醫療服務。這些試點無需在密集的城市空間飛行。我們可以先試飛，讓我們知道香港未來可以怎樣發展低空經濟。

行政長官：多謝葛議員很多不同的意見，對於這些意見，我們都有類似的看法。但看看我們現時的制度，我相信要有適當的相應調校，在法例方面看看怎樣解決這些問題。

我剛才提及的安全問題並不單是墜落傷人。譬如在航道上，即使是墜下速度很慢，影響航道都是問題。無論任何無人機，如果它遠飛，我們一定要確保它會繼續收到信號。例如飛往深圳，中間的信號應由何方發出，這方面需要有配套。我同意方向是很重要，但在香港如此密集的地方，的確需要控制航線。所以需要做試點，我們的同事都在這方面作不同研究。

跨部門協作是很重要。我非常多謝大家認同跨部門是需要有人統籌。我記得我們希望設立副司長時，大家都質疑是否有真正的積極作用。大家從剛才的提問中，就已經證明了由副司長統籌跨部門合作，我們當時的想法是正確的，現在都可以體現出來。這亦代表副司長任重道遠，有很多工作需要他來統籌。多謝主席。

2024 年 6 月 13 日
(節錄有關推動低空經濟部分)

12.
《施政報告》致謝議案——《發展低空經濟》

代理主席，這份《施政報告》以「齊改革同發展，惠民生建未來」為主題，銳意改革，改善民生，為香港經濟發展注入新動能。我認為這是一份守正創新、積極有為的《施政報告》，能夠引領香港社會識變、應變、求變，迎難而上，促進經濟持續多元發展。

這份《施政報告》重點提及推動傳統產業升級轉型，積極培育新興產業，以及因地制宜，大力發展新質生產力。感謝政府接納了民建聯多項建議，包括推出措施，大力推動發展創科、新能源及低空經濟產業等新興產業。《施政報告》更提出成立多個工作小組，推動涵蓋金融、旅遊、醫療、創科等不同範疇的工作，展現政府「以結果為目標」，做實事的作風。

夏寶龍主任於日前香港工商界人士座談會中提出，香港應積極探索新產業、新業態，培育經濟增長新動能，亦要大力推動創新科技發展，加大創科資源的投入，壯大創科產業規模。

低空經濟正是國家大力推動的戰略性新興產業，是發展新質生產力的典範。低空經濟產業鏈長，需要強大技術支持。應用場景廣泛，能帶動創科發展，發展潛力巨大。發展低空經濟不單會帶來經濟效益，提高香港競爭力，更可改善民生，讓市民更有幸福感和獲得感。

未來可以開拓更安全、自動、環保的先進城市空中交通網絡，可以為市民提供更便捷的出行方式、更新鮮的旅遊體驗、更快的物流速遞。亦可促進更高效的城市管理，提供更快速的救火、救災、救援工作等。

有市民對我說：「低空經濟似乎還是很遙遠的事。」其實，內地各個城市已經廣泛應用，我亦親自考察過多個項目。我早前在深圳和姚柏良議員一起試坐無人機，體驗低空旅遊，確實是令人十分興奮的體驗。夏寶龍主任亦提示香港要想方設法加快旅遊業態升級，用好香港 1180 公里海岸線和 263 個島嶼。很多市民問我，何時才可乘坐無人機遊覽香港維港、地質公園和離島。低空旅遊可以善用香港的海岸線及島嶼，發展新的旅遊產品。其實，我們曾在深圳乘坐的載人無人機，已經在 18 個國家完成首次載人飛行，香港要等到何時才可以實現載人首飛，市民要等到何時才能乘坐無人機遊維港呢？

內地很多城市，無人機送外賣的服務發展蓬勃，無論在國家公園、山上、各旅遊景點，甚至露營營地都已經可以送達。早前易志明議員表示，如要在露營時訂購外賣，點一打冷啤酒和兩串串燒，都已經不是問題。香港應該大力發展低空旅遊吸引遊客，提升旅客體驗。

上星期，我前往杭州考察低空醫療物流服務。杭州有 30 多間衞生院、醫療中心及大醫院聯合使用低空物流服務，減少醫院壓力，為市民提供更方便快捷的驗血及化驗服務，提升醫療服務質素。內地超過 30 個城市的血液中心，最少 300 多家醫療機構已經使用低空物流負責日常運送樣本和醫療物資。香港有很多長者住在偏遠的鄉村或離島，他們問我何時才可無須山長水遠到市區排隊輪候診症和取藥。現時我們已有視像診症服務，以後可否利用無人機為他們運送藥物呢？

佛山有多個政府部門及各區共享無人機巡查系統，配合 AI 模型，提升城市管理效率，減少資源重疊，實踐改革及制度創新。香港各個政府部門卻仍在安裝不能共享、又不會動的閉路電視。香港政府會否牽頭以低空經濟改革城市管理，提升政府施政，推動創科產業發展呢？

深圳政府在去年的工作報告提出建設低空經濟中心，香港科技大學校董會主席沈向洋教授正在為深圳建立「低空大腦」，即是以智能融合低空系統。他預測，深圳的天空未來會有 10 萬架無人機同時飛行。摩根士丹利亦預測，到 2040 年，市場規模將達 1 萬億美元，到 2050 年會暴增至 9 萬億美元。各個國家、各個城市都在搶先發展低空經濟、搶企業、搶人才，香港確實要急起直追。

我過去一段時間不斷推動香港發展低空經濟。民建聯於今年 9 月連同多個團體組成大灣區低空經濟聯盟，目的是集結各界持份者力量，助力香港政府推動大灣區跨境低空經濟發展，以及為國家和本地培育高質量的低空經濟人才。

我們十分感謝特首在《施政報告》中接納了民建聯發展低空經濟的建議，成立由副司長領導的跨部門發展低空經濟工作組。值得一讚的是，工作組不是「得個講字」，除了第一時間約見聯盟，聽取業界的意見，亦十分積極進取，前日已經推出以「監管沙盒」批准試點項目的細節。業界已經摩拳擦掌，準備積極響應參與，我相信申請的試點項目將會百花齊放。

不過，低空經濟在香港始終是新開始，相信每一個項目都會面對很多挑戰，需要不同政府部門及機構的支持和審批。所以，我建議政府為各申請項目提供一站式服務，協助解決問題，簡化審批程序，盡快批出不同應用場景及不同航線的試點項目。我亦希望各政府部門將來能主動提出低空經濟應用場景需求清單，讓企業可以更快、更聚焦地對接項目。

不過，政府這次未能為試點項目提供資助，我擔心有機會窒礙中小企的參與。希望政府未來會考慮為試點項目提供資助。另外，我們亦向工作組提出了其他建議，希望政府會認真考慮並執行。

在頂層設計方面，我希望政府盡快制訂香港低空經濟發展策略，推動低空經濟產業在本地及區域合作發展，向海外及內地有潛質的企業和人才招手，吸引他們落戶香港。

在完善法規方面，希望法規考慮到眼前需要和長遠發展速度，保留彈性。

在規劃基礎建設方面，我建議政府盡快規劃建設本港通用機場、低空飛行器和物流運輸起降點，尤其在北部都會區。

其他建議包括促進粵港澳低空跨境航線、完善網絡基建、推動發展低空經濟的保險服務、運用地理信息系統科技，配合三維地理空間數據作為航道規劃的一張圖信息平台，設計低空空域的高速公路，以及建設智能低空交通管理系統等。

在低空經濟領域，香港起步稍遲。但香港作為大灣區內最國際化的城市，具備便利的營商環境、優良的法治傳統、自由的經濟制度、完善的資訊科技基礎建設及金融體系，亦擁有前沿科研優勢、育才土壤及熟悉國際市場的專業服務業。香港作為國際航空樞紐，擁有豐富空中交通管理經驗，這些都是促進低空經濟的優勢。

香港多間大學已經確定會與大灣區低空經濟聯盟合作，全力支持政府發展低空經濟及培育高質量人才。所以，政府確實要加快腳步，拆牆鬆綁，充分利用業界、學術界及資本市場的力量，推動官、產、學、研、金及各行各業共同發展，爭取彎道超車。

香港有「背靠祖國、聯通世界」的獨特優勢，更應該擔當好「超級聯繫人」及「超級增值人」的角色，與大灣區內城市聯手，推動大灣區成為全球低空經濟的先行者和示範區，助力國家低空經濟企業「出海」，搶佔全球低空經濟過萬億市場的新藍海。

香港大力發展低空經濟，能夠主動對接國家戰略、推動香港更好融入國家發展大局。是既貢獻國家，又推動香港更好發展的一大步，讓我們一同努力。

代理主席，我謹此陳辭。支持你的致謝議案，並感謝行政長官發表《施政報告》。

2024 年 11 月 14 日

新聞稿

1

1.
個人資料外洩事故頻發
反映社會整體對網絡安全意識不足

六福珠寶的會員資料庫懷疑被黑客入侵，500 萬名內地和本地客戶個人資料（包括姓名、住址、身份證號碼、帳戶密碼等）被放上暗網放售。另外香港專業進修學校近日公布，於今年 2 月遭黑客以勒索軟件攻擊，約 3200 名學生資料在暗網公開，包括身份證副本、銀行月結單、電話號碼等。

立法會議員、立法會資訊科技及廣播事務委員會主席葛珮帆對上述事件表示震驚。她指近日個人資料外洩事故頻發，大量個人敏感資料外洩。資料一旦被人盜用，後果嚴重，反映社會整體對網絡安全意識不足，相關法例落後及不足，她會在立法會跟進相關問題。

葛珮帆認為有必要提升社會整體的網絡及資訊安全意識，並指出現時《個人資料（私隱）條例》訂立多年都未經修訂，已經落後，猶如「無牙老虎」，使部分機構對網絡安全及保障個人私隱掉以輕心。亦有機構可能擔心損害公司聲譽，而不公布資料外洩事故，機構也未必可以通知全部當事人，對當事人並不公道。因此應該盡快對外公布，令所有曾與涉事機構接觸的當事人提高警覺。

就加強香港網絡及個人資料私隱安全，葛珮帆提出以下建議：

1. 政府應加強相關教育及推廣工作，以提高社會整體網絡及資訊安全的意識；

2. 如政府部門或公營機構出現個人資料外洩事故，有關部門或機構的首長及資訊科技項目主管必須問責；

3. 私人機構應評估所收集的個人資料是否必要，避免收集過多個人資料，並及時刪除不必要的個人資料；

4. 市民應謹慎提供個人資料，了解機構保留其資料的期限和相關安全措施；

5. 政府應盡快修訂《個人資料（私隱）條例》，引入強制性資料外洩通報，加重罰則，及加入行政罰款機制。

2024 年 5 月 10 日
「個人資料外洩事故頻發反映社會整體對網絡安全意識不足」新聞稿

2.
倡建設無障礙智慧城市

構建社會的無障礙環境是現時全球的趨勢，政府一直致力建立關愛共融的社會。隨著香港發展智慧城市，愈來愈多服務只在網上提供，但現時本港數碼無障礙建設仍然不足，殘障人士在網上仍然遇到不少障礙。

葛珮帆多年來推動香港發展智慧城市，2001 年已經提出要縮窄香港的數碼鴻溝。她指出政府發展智慧城市，要透過利用創新科技去整合資源，從而優化城市行政和管理效率，改善市民的生活品質。不少設施和服務都逐步數碼化。政府正在提升「智方便」平台，聯通各政府部門，提供「一網通辦」的智慧政府服務。然而現時政府很多網上服務並非無障礙設計，造成失明及殘疾人和長者的科技障礙。她認為政府推出網上服務時，在設計上必須充分考慮到殘障人士的需要，了解到他們在登記及使用服務時可能會遇到的實際困難，讓弱勢社群也能受惠。

葛珮帆亦指政府多年來推動無障礙網站設計，但現時全港只有幾百個網站符合標準。例如網上購物已成為一種新常態，經歷疫情後更是愈來愈多人使用這些服務。有支援殘障人士的機構早前為 6 個本地網上購物平台手機應用程式進行測試，選取了當中五個基本無障礙設計原則作為測試標準。結果顯示，全部測試的應用程式均未能符合無障礙設計標準，包括未有為貨品優惠的圖片加入文字描述、沒有為輸入欄位加入輔助標籤、部分文字未能符合對比度的比例要求等。這個情況清晰反映了部分殘障人士或因網站或應用程式未符合無障礙設計而未能使用網購平台。

註冊社工蔡惠誠長期服務沙田社區，他指每當政府推出要網上登記的服務，例如疫情期間的「安心出行」、網上預約做檢測及接種疫苗、消費券、

「智方便」等，都會接獲不少市民求助，包括長者及殘障人士，可見現時的數碼無障礙建設仍有待加強。疫情期間很多市民使用網購服務，但長者及殘障人士就使用不到，所以他們經常要幫助居民購買藥物及食品，情況並不理想。他建議政府加強公眾教育、社區推廣及加強監管責任，提升整個社會的資訊通達意識，鼓勵更多企業提供無障礙的網上服務。

香港傷健共融網絡總幹事莫儉榮關注殘障人士出行多有不便，支援更是少之又少。他期望在交通方面加強無障礙功能，如在手機應用程式中增加無障礙功能，及優化線上地圖的導航功能等。

龍耳 Silence 創辦人邵日贊指出，聽障人士到各警署求助或報案，或是到醫院求醫時，視像手語翻譯可協助案件分流，減省手語翻譯員地區往來的時間，建議政府研究提供視像手語翻譯服務。

香港肌健協會代表林勇琪及其他代表亦指出，現時康健科技產品先進，可讓不少殘障人士受惠，建議政府提供資助，以鼓勵使用。多個機構都指出鑑於本港現時數碼無障礙建設仍然不足，認為香港必須加大力度推動和建設數碼無障礙環境，包括網站及應用程式的無障礙指引、資助使用康健科技產品、優化殘障人士出行、提供無障礙數碼支援等方面進行改善，以建造一個傷健共融的社會。

就此，他們就建設無障礙智慧城市提出 7 大建議：

1. 加大力度推動無障礙網站建設

1.1 要求所有政府部門、資助機構及社福機構的網站，無障礙設計達到 W3C 國際標準；

1.2 加強宣傳無障礙網站對弱勢社群的重要性，進一步推動企業盡社會責任，提供無障礙的網上服務。

2. 增加津貼，鼓勵殘障人士使用數碼及康復創科產品

2.1 建議提供個人資助，以鼓勵殘障人士應用康復創科的產品，以作家居改裝或購買合適的科技設備，例如以聲音或眼球控制開關門、電器、電腦、手機等，亦可配合健康監測儀器，讓應用科技改善生活。

3. 預先諮詢殘障人士意見

3.1 建議政府在建設智慧城市的設計階段時，預先諮詢殘障人士及有關機構的意見，並預設必須達至無障礙水平，而非推出後才邀請殘疾人士給予意見 。

4. 優化殘障人士出行的數碼和科技支援

4.1 優化線上地圖導航功能，顯示實時變動，包括封路、修路、地下工程等，建議政府善用大數據，把實時變化納入程式中， 並引進室外至室內的導航；

4.2 建議在交通方面，加強提供無障礙功能。例如，在港鐵手機應用程式中增加無障礙功能，並於地鐵站內利用室內定位系統（如 iBeacon）等。

5. 強化社會資訊通達意識

5.1 建議政府增撥資源進行公眾教育及社區推廣，並為不同行業舉辦工作坊及流動社區展覽，讓從業人員了解資訊通達的重要性，及以「資訊通達」為政府宣傳片主題，強化推廣，提升社會的意識。

6. 提供無障礙熱線

6.1 建議政府部門及公營服務機構提供文字查詢熱線，及視像手語翻譯服務，以便利聽障人士的溝通聯絡及查詢；

6.2 整合政府現有的應用程式，如「一站通」、「智方便」及為聽障人士而設的 992 緊急短訊求助服務等。

7. 加強無障礙數碼支援服務

7.1 為了提供更好的無障礙支援服務，建議政府與非牟利機構合作，建立視障人士科技支援專線，以協助殘障人士提升他們的科技運用能力，並提供相關的支援和指導。

2023 年 10 月 13 日
「倡建設無障礙智慧城市」新聞稿

3.
陳純院士與立法會議員進行數字經濟交流會

民建聯一直致力推動香港數字經濟及 Web 3.0 的發展，民建聯副主席及政策倡議委員會主席葛珮帆議員邀請了中國工程院陳純院士到立法會和 4 個相關事務委員會的 30 多位議員交流。

交流會上，陳院士介紹了 Web 1.0 （第一代互聯網）到 Web 3.0 （第三代互聯網）的發展進程，提到數字經濟是由大數據、人工智能、區塊鏈、雲計算、互聯網或移動互聯網、物聯網等為代表的數字技術產生的新經濟模式。

陳院士表示國家主席習近平高度重視數字經濟，強調數字經濟正成為重組全球要素的資源，及重塑全球經濟結構，改變全球競爭格局的關鍵力量。數字經濟有兩大主要形態，包括產業數字化和數字產業化，而中國的數字經濟以數據為關鍵生產要素。陳院士認為香港一直扮演國家的「沙盒」角色，應該進一步深化及擴大規模，為國家接軌世界項目的「沙盒」，先行先試，包括以數字經濟帶動實體經濟，發揮香港獨特優勢，成為國家發展數字經濟的成功例子。

葛珮帆表示非常榮幸能邀請陳院士到立法會分享，同時感謝多位議員出席。葛珮帆認為交流會十分有啟發性，很認同陳院士的看法。香港 Web 1.0 的發展很快，但到 Web 2.0 的時候，包括智慧城市的發展則非常慢。她認為現屆政府有決心推動創科發展，期望特區政府能利用香港作為國家「沙盒」的角色，為國家的數字經濟發展作出貢獻。議員也要發揮角色，推動政府完善法規，推進數字經濟及 Web 3.0 的發展。

立法會議員黃英豪表示香港發展數字經濟仍然落後，近日立法會正積極討論。黃英豪認為政府應該推動實體資產變成數字資產，利用區塊鏈技術轉讓及融資，讓金融及實體資產數字化，企業就可以直接和投資者及銀行對接，為企業節省盡職調查的時間及費用，有利推動香港的高端服務業、金融業發展，為投資者提供更多選擇及減低交易成本。

2024 年 5 月 29 日
「陳純院士與立法會議員進行數字經濟交流會」新聞稿

4.
民建聯到長沙考察新消費產業

多位民建聯立法會議員聯同業界代表組成考察團，於 7 月 26 至 28 日赴長沙市展開了 3 日考察行程。考察團由立法會議員黃英豪擔任團長，成員包括葛珮帆、陳恒鑌、劉國勳、梁熙、郭玲麗、黃俊碩等。期間與當地政府及業界代表進行深入交流，並考察長沙的夜經濟、新消費產業，及多個文旅科技消費融合項目，包括小翅科技、野肆月球、長沙新消費研究院、及馬欄山文創產業園等，亦到了當地著名旅遊及打卡熱點「超級文和友」。團員均表示長沙大力發展新消費產業的經驗值得香港借鑑。

黃英豪指長沙「超級文和友」在商場內還原了 80 年代的老長沙社區場景，遊客可穿越時間，享受當時代、當地流行美食等沉浸式體驗，是很成功的文化消費品牌。他認爲香港亦可參考有關經驗，研究如何用好香港本地特色文化並進行推廣。本港的眾多知名巨星如成龍、受歡迎的電影如《九龍城寨之圍城》等，均對國內外的消費者有吸引力。香港可以把文化結合科技，打造成全球知名的新文化旅遊消費品牌。

葛珮帆指長沙是國家夜經濟及新消費產業發展的領先城市。今次考察的重點是參訪長沙天心區政府、新消費研究院，與新消費企業，包括茶顏悅色、文和友、黑色經典、楂堆、超級．零食很忙及零食很大等進行座談交流。她說，這些企業的創辦人及團隊都非常年青，敢想、敢做、敢創新。他們以長沙本地的文化、煙火氣及人情味，融合新技術、新產品、新渠道、新供應鏈、新銷售手法，打造新連鎖品牌，為消費者帶來全新體驗，亦在政府的支持下極速發展。例如超級．零食很忙、零食很大兩家零食門店就非常火爆。零食很忙 7 年間就在全國開了過萬間銷售店，現時更以每月開 1000

間分店的速度增長。創辦人於 1987 年出生，旗下 8 千多名員工，平均年齡只有 26 歲。他們的新品牌零食很大的長沙分店，以超大包裝的零食，吸引國內海外年輕人大量關注。分店是網紅打卡熱點，每天大排長龍，旺丁又旺財，是長沙成功培育的新消費品牌。

葛珮帆認為長沙新消費產業及夜經濟得以蓬勃發展，離不開地方政府著重創新和「管而不死，活而不亂」的施政理念，及官員們重視創意、願意為企業擔責的文化。她特別欣賞天心區的官員主動、包容、引導、支持新創意及新企業發展，不斷在「制度更創新、決策更快」上出力，配合市場需要。

葛珮帆亦認為長沙天心區政府成立的新消費研究院，就新技術、新物種、新服務、新銷售、新渠道、新形象、新製造等新消費概念，和有關應用進行了深入的研究。他們評選出 200 多間新消費企業，由區政府重點跟蹤、扶持，幫助企業排除困難，支持企業成長。這些新的消費理念及政策有效重塑及激活消費市場，相關經驗值得特區政府參考借鑑。

2024 年 8 月 2 日
「民建聯到長沙考察新消費產業」新聞稿

5.
香港進入低空經濟新時代

今日（3 月 20 日）香港低空經濟監管沙盒啟動禮於香港科技大學舉行，行政長官李家超，運輸及物流局局長陳美寶，大灣區低空經濟聯盟創會會長、立法會議員葛珮帆等出席監管沙盒啟動禮，公布 38 個批出項目。

大灣區低空經濟聯盟創會會長、立法會議員葛珮帆對政府發展低空經濟工作組，並批出首批 38 個監管沙盒項目表示歡迎及支持。行政長官李家超在啟動禮致辭中指出，低空經濟是國家戰略性新興產業，也是發展新質生產力的典型範例。特區政府積極投身並大力推動低空經濟發展。此次啟動監管沙盒，旨在助力低空經濟「飛得穩、飛得遠」，她表示非常認同及鼓舞。

葛珮帆認為香港已進入低空經濟新時代。香港雖然較遲開始發展低空經濟，但具備完善的通訊網絡及 3D 地圖數據等發展低空經濟的必要基建。只要善用優勢，配合多間大學的科研基礎，香港有機會後發先至，成為國家低空經濟發展的對外示範區。

此次沙盒入圍的 38 個項目涵蓋無人機配送、空中監察、緊急救援及系統技術等多個領域。葛珮帆認為，這些項目將有效推進智慧城市的建設和經濟多元發展，為市場增添活力，為企業提供創新的舞台，亦將加速創新技術、新商業模式的探索及應用。對於成功申請的項目，她希望發展低空經濟工作組能協助加快項目落地實施的步伐，讓這些項目盡快從紙面上的規劃變成實實在在的成果，讓大眾感受低空經濟帶來的便利及好處。

至於法例修改方面，葛珮帆表示估計政府將在 4 月進行諮詢，5 月向立法會遞交修例建議書。立法會會全力推進法例審議工作，預計 10 月前將通過修例。修例主要著重 3 大範疇，包括將現時小型無人機僅 25 公斤的載

低空經濟監管沙盒
啟動禮
LAE Regulatory Sandbox
Launch Event
Cyberport

重負荷量放寬至 150 公斤、容許超視距飛行、批准載人無人機試飛項目。預計今年年底，低空經濟項目便可實現商業營運，開始推出市場。

大灣區低空經濟聯盟自成立以來，始終專注整合區域資源，積極推動技術創新、資源分享和政策協調，全力促進大灣區低空經濟的協同發展。聯盟在得知政府將推出監管沙盒後，便積極組織成員參與研討和籌備工作，為監管沙盒的落地實施作出貢獻。聯盟並鼓勵成員踴躍申請試點項目，最終共支持 20 多個項目申請首批監管沙盒項目。大灣區低空經濟聯盟將持續支持政府工作，充分發揮橋樑紐帶的作用，攜手各方，積極推動低空經濟在大灣區的協同發展，加強與內地及國際間的交流合作，全力打造具有全球競爭力的低空經濟產業生態。在政府有力的支持、聯盟的積極推動和業界的共同努力下，香港低空經濟必將蓬勃發展，為經濟多元化發展注入新的強勁動力。

2025 年 3 月 20 日
「香港進入低空經濟新時代」新聞稿

6.
倡香港發展低空經濟

民建聯今日聯同智慧城市聯盟（SCC）及業界專家，於立法會舉辦一場媒體簡介會，介紹了低空經濟在本地發展的機遇及挑戰，及未來的政策倡議計劃。講者包括民建聯副主席兼立法會議員葛珮帆、立法會議員劉國勳、智慧城市聯盟創辦人兼榮譽會長鄧淑明、香港科技大學計算機科學及工程學系教授李默、及智慧城市聯盟理事會成員兼 IT 治理委員會主席龐博文。

低空經濟泛指地平面垂直距離 1000 米以內的空域（根據不同地區特點可延伸至 3000 至 4000 米）的經濟活動，包括低空飛行、航空旅遊、物流運輸等。2023 年 12 月，中央經濟工作會議提出「打造生物製造、商業航天、低空經濟等若干戰略性新興產業」。低空經濟是國家戰略性新興產業之一，與智慧汽車產業鏈高度融合，實現技術、經驗和產業鏈優勢轉移。而且低空經濟與傳統經濟融合，受益產業廣泛。

近年內地多個城市都鋭意發展低空經濟，電動垂直起降飛行器（eVTOL）服務、無人機運輸及利用無人機輔助城市管理等業務應運而生，形成從生產、應用到服務的產業鏈。綜觀全球低空經濟發展情況，摩根史丹利預測，到 2040 年，城市空中出行的全球市場規模將達 1 萬億美元，到 2050 年會暴增至 9 萬億美元。

葛珮帆認為香港經濟必須尋找新的增長點，向多元發展。香港發展低空經濟機遇無限，有機會成為輸出「一帶一路」的最佳示範，亦有助發展智慧政府，提高包括實時數據收集、推動智慧城市發展、應急救援、及城市管理等多方面效率。本港必須與大灣區城市協同發展智慧城市群，共同推動低空經濟頂層設計、科研、場景應用和政策互聯互通，打造世界級航空港群。

政府應大力推動本港低空經濟發展，包括加快智能交通系統建設，促進信息技術的創新應用（如物聯網、雲計算、大數據等）；把低空經濟盡快納入北部都會區發展規劃中；加強人才培訓，創造就業機會；激活初創生態圈，推動在港上市集資活動。

另外作為新興產業，在香港推行低空經濟時，必須檢視下列多個問題：

1. 空域管理和法規：包括監管和制定法規、高度限制、飛行路線、及禁飛區；

2. 基礎建設：包括大灣區空中高速公路、升降場地、航空交通管制塔、及維修和保養設施；

3. 安全措施：包括飛行員培訓和專業資格（執照）、安全檢查、飛行操作規程、及責任保險；

4. 社會影響：包括噪音、私隱問題、國家安全等。

葛珮帆總結，香港低空經濟發展潛力巨大，為推動低空經濟，必須就空域管理和法規、基礎建設、安全措施等方面進行可行性研究，並提前規劃以進行統籌及頂層設計。政府亦需要進行跨部門協作。她提到已在「民建聯對《財政預算案》期望」中提出發展低空經濟，期望政府能成立專責跨部門小組跟進和統籌有關事宜。民建聯亦將與 SCC 繼續收集業界意見和資料，整合成政策倡議書，並約見特首或司長作進一步討論。民建聯亦會在立法會中繼續跟進低空經濟議題，葛珮帆將提出有關議員議案，並與其他議員交流。

2024 年 2 月 8 日
「倡香港發展低空經濟」新聞稿

7.

在深圳試乘觀光無人機
期推動香港低空經濟

立法會議員葛珮帆正努力推動本港發展低空經濟。葛珮帆今日連同北部都會區發展事宜小組委員會前往沙頭角中英街、大梅沙海濱公園、小梅沙及鹽港夜市進行職務考察。由於她非常關心低空經濟的發展，當地政府特別臨時安排他們在大梅沙試乘「觀光無人機」（無人電動垂直起降航空器，eVTOL）。葛珮帆說她試乘時「一啲都唔緊張」，表示飛行過程十分穩定，飛行器產生的噪音沒有想像中大，但當時大風，所以飛行器只是垂直升降，未有飛遠，期望下次可以「飛遠啲」。

葛珮帆補充指，據悉所試乘 eVTOL 由億航智能研發，而低空觀光旅遊由鷗航智能營運，億航智能是深圳早期獲得 eVTOL 試飛許可的中國企業之一。該 eVTOL 經過 8 年試飛，充電後可完成三次飛行路線，每次約為十分

鐘。鵰航智能打算於 6 月正式推出載人觀光業務，乘坐 eVTOL 在空中參觀大小梅沙風光約 10 分鐘，收費約為 200 人民幣。葛珮帆歡迎他們來香港發展低空旅遊，他們也表示非常有興趣發展香港低空旅遊路線。

葛珮帆認為香港發展低空經濟大有可為，無論發展智慧旅遊、智慧出行、智慧醫療等都有很高的可塑性，能幫助香港發展多元經濟，成為新增長引擎之一。她期望政府投放更多資源和制定發展路線圖，大力推動發展低空經濟。

2024 年 5 月 9 日
「在深圳試乘觀光無人機 期推動香港低空經濟」新聞稿

8.
期望香港有決心成為我國低空經濟示範城市

國家低空經濟的發展勢不可擋，當中離不開政策的引導支持。黨的二十屆三中全會中，指出「發展通用航空和低空經濟」；中共中央政治局第十六次集體學習，總書記指出「促進低空經濟健康發展」。

葛珮帆受邀出席中國移動於廣州舉辦「智煥新生，共創 AI+ 低空新時代」2024 中國移動全球合作伙伴大會。中國移動在會上推出「四驅兩翼」低空經濟高質量發展能力體系，將通過終端、網絡、平台及應用的四輪驅動以及 AI 與安全的雙翼護航，全面推動低空經濟的高質量發展。

她亦出席了下午的低空經濟產業創新發展大會，並參觀了低空經濟展示區，見證了 15 個低空經濟領航城市，包括北京、上海、重慶、杭州、濟南、廣州、成都、西安、雄安、深圳、合肥、鄭州、常州、漳州、贛州，與中國移動宣布共同推動低空經濟的「低空領航．共繪城市未來」儀式。中國移動並宣布會聚焦十大場景，實施百大應用標桿創建行動，打造一體化解決方案及 100 個標桿示範應用項目，以推動規模化的複製。

低空經濟是發展新質生產力的典型代表，科技創新驅動產業交叉融合及升級生產效能，是數字經濟的新增長引擎。估計到 2030 年，上、中、下游產業鏈，即生產製造、基礎設施、及行業應用都將發展成過萬億的市場。

每一個城市都需要構建全鏈路技術來支撐低空經濟服務，因此她早前亦牽頭成立大灣區低空經濟聯盟，協調各持份者，助力政府推動大灣區發展跨境低空經濟，為香港整體經濟發展提供新的增長點。特首即將公布新一份《施政報告》，她期望香港也有決心成為國家低空經濟的領航城市及示範城市，利用聯通世界的優勢，優質標準及品牌，助力國家低空經濟產業發展及出口。

2024 年 10 月 12 日
「期望香港有決心成為我國低空經濟示範城市」新聞稿

9.
推動低空經濟：考察分享及試點項目建議記者會

低空經濟是國家戰略性新興產業之一。近年內地多個城市銳意發展低空經濟，廣東省亦於本月 22 日公布了《廣東省推動低空經濟高質量發展行動方案（2024—2026 年）》，提出了 8 項共 29 條具體措施，搶灘「低空藍海」，競逐低空經濟產業的高地。

為推動香港低空經濟發展，立法會議員葛珮帆早前在立法會提出推動低空經濟發展的動議並獲通過。多位議員本月更分別三次先後到訪深圳鹽田、寶安、龍華區，考察當地低空經濟發展。並連同特首政策組及通訊辦官員出席「2024 年第八屆世界無人機大會」，獲益良多。

由葛珮帆、陳紹雄及林筱魯組成的智慧生活促進組，連同一同參與考察活動的劉國勳及姚柏良，今天舉行記者會，分享考察低空經濟的體驗及心得，並建議政府立即啟動本地低空經濟試點項目。

葛珮帆指出，內地城市多年前已經開始發展低空經濟，而香港仍未起步，必須迎頭趕上。她認為香港在低空經濟上游產業，如設計及生產無人機方面難以超越深圳，但發展下游產業，如安保偵測應用、旅遊產品、疏導交通、降低物流及運輸成本、跨境交通等有很大的發展空間，開拓國際市場亦有一定優勢。特區政府應該盡快成立低空經濟跨部門工作小組，制定低空經濟發展策略，並以沙盒形式，在風險可控的範圍內，協助企業推出不同應用場景的試點項目。透過數據收集與業界分享，推動保險業界盡快提供相關服務。

林筱魯表示，深圳是推動低空經濟發展的先行者，兩次考察所得可以歸納為兩點：一，深圳市政府以先行者的勇氣，推動整體產業的發展，定好策略布局及具體政策，在相關法規未完全完備的同時，以「邊行邊試」方式，爭分奪秒，搶佔市場先機；二，深圳市已成功匯聚產業鏈的上、中、下游，科技水平處於世界頂端，應用場景豐富多樣，形成良好的產業生態環境。然而在對接國際市場及招引投資，推動產業做大做強，仍需要借助更大的平台。

他認為，香港大可借助深圳現有的基礎，利用安全合適的場景，以先行先試方式，加快建設及管理智慧城市，以此促進低空經濟發展。此外，香港絕對有能力與深圳共同拓闊國際市場及投融資平台，進一步鞏固國家的低空經濟產業，強化在世界市場及科技水平上的領先優勢。

陳紹雄表示，發展低空經濟離不開政府的政策支持。政府須盡快完善

法律法規及相關配套措施，從頂層設計做好規劃，在基礎設施、產業應用、技術創新、安全管理等方面出台低空經濟的產業政策，並加快探討在北部都會區及新發展區規劃及建設低空經濟的基建設施，以支撐日後大規模示範應用和商業化發展。同時，基建是發展低空經濟的基石，政府應及早規劃及建設有關基建，包括「低軌衛星」的應用及針對低空域覆蓋的 5G / 6G 技術。

姚柏良表示，香港旅遊業要升級轉型，必須要引入新科技應用。創新產品和提升服務，可為旅客提供新體驗。內地低空經濟、文旅融合科技發展迅速，不單值得學習，香港更加要努力追趕，坐上科技發展的快車。事實上，不少企業對引入「觀光飛行器」感興趣。姚希望政府以創新思維，拆牆鬆綁，提供便利准入渠道，善用國家新科技，為香港旅遊業注入新元素，打造更多名片。他表示，在新科技的應用上，政府必須擔當支援者和促進者的角色，持續支援和扶助業界，共同推動科技創新旅遊產品，提升競爭力。

劉國勳表示，低空經濟已成為國家發展策略，香港過去在不同範疇亦有應用無人機技術，例如測繪製圖、勘察高風險舊樓、消防巡邏及救援等。劉國勳建議成立跨部門的專責小組，研究如何進一步應用於不同部門，減輕人手壓力，提升工作效率。

他稱，發展低空經濟需要政策支持。北部都會區作為香港新的經濟增長點，可為發展低空經濟提供一個很好的平台及場景。政府需在政策方面拆牆鬆綁，例如考慮在創新科技地帶開展研發低空經濟的技術，支持相關產業發展。同時在專業服務和物流樞紐、口岸商貿及產業區、沙頭角藍綠康樂旅遊生態圈打造適合低空飛行的特色應用場景。在交通工具、旅遊、物流及日常應用提供不同服務，作為國家及香港的低空經濟對外示範點。

他們提出推動香港發展低空經濟的建議：

1. 成立低空經濟跨部門工作小組；
2. 制定低空經濟發展策略；
3. 推動試點項目；
4. 設立低空經濟發展基金；
5. 研究相關法例修訂；
6. 推動無人機跨境貨運；
7. 推動直升機跨境載人。

2024 年 5 月 30 日
「推動低空經濟：考察分享及試點項目建議記者會」新聞稿

10.
連同中移動與立法會議員交流低空經濟發展

民建聯邀請了中國移動香港首席顧問、前行政總裁李帆風，在北京的中移鏈長基金總經理張軍和首席投資官周博，與 20 多位香港立法會議員、運輸及物流局與民航處官員、特首政策組、智慧城市聯盟成員、民建聯工商專業支部委員和青年民建聯成員舉辦了一場線上線下交流會，分享有關低空經濟行業研究的看法。會上，億航科技副總裁許偉東亦有撥冗出席。

中國移動的創投公司中移鏈長基金最近完成了「低空經濟行業研究」，報告詳細分析低空經濟產業的發展趨勢、低空經濟的應用場景、低空經濟產業政策、低空經濟產業的基礎設施及低空經濟飛行器。報告指出，低空經濟是新質生產力的典型代表，是內地經濟的新引擎，具有 1：10 的產業鏈放大效應。低空經濟的核心要素包括：政策、基礎設施、飛行器及應用場景。2030 年之前，無人機物流、應急保障及醫療救援、旅遊觀光是可預期的確定市場。中國移動未來將重點發展低空經濟產業，營運低空數字的基礎設施將成為集團新的戰略方向和業務增長點。

在被問到集團會否助港推低空經濟的發展，中國移動香港首席顧問李帆風先生表示，為配合集團的發展方向，中國移動香港早前也成立工作小組，推動大灣區低空經濟的相關工作。他指出，目前內地主要採用 4.9GHz 頻譜作 5G–A「通感一體」技術測試，實現對無人機等低空飛行物體實時監測和追蹤。

立法會議員葛珮帆表示，很高興從研究報告中，進一步了解到內地低空經濟產業及市場的發展情況及趨勢，亦更清楚明白到低空經濟發展的潛力無限。她指出，以近兩年相關法律法規出台的速度和深度來看，國家民航局的表現相對進取。各地區也正在積極落實國家發展低空經濟的戰略方向。她期望特首盡快宣布成立由副司長領導的跨部門工作小組，和業界攜手合作，盡快落實不同應用場景的試飛項目，從而獲取實際數據，以完善法規及建設低空管理系統，大力推動本地及跨境低空經濟發展。

2024 年 7 月 11 日

「連同中移動與立法會議員交流低空經濟發展」新聞稿

11.
香港低空經濟發展座談會——與億航智能董事長胡華智交流

民建聯邀請了億航智能董事長胡華智，在立法會與約 20 位議員、運輸及物流局副局長廖振新、特首政策組副組長關家明與研究人員、智慧城市聯盟成員、各大商會領導及業界人士會面，就香港發展大灣區低空經濟舉行交流座談會。

胡華智在會上表示，隨著內地的低空無人駕駛電動垂直起降飛行器（eVTOL）及相關技術、政策發展已日漸成熟，香港要發展低空經濟，應快速確認適合的無人機起降點，盡快落實試點項目。他建議，香港民航處與中國民用航空中南地區管理局、民航中南地區空管局、民航適航審定廣州分中心、澳門特區民航處等監管機構加大合作，共同推動三地融通發展。

胡華智指，上週內地相關部門已正式向廣州（廣東億航）及安徽合肥的企業批出相關運營許可證，意味未來兩至三個月內將有空中的士正式投入商業營運。eVTOL 大規模商業落地已沒有太多痛點，下一階段需要解決的是運營標準建設及基礎設施建設。香港特區政府宜積極通過政策支持措施，在城市地面及空中立體的交通規劃、低空經濟基礎設施的選址、建設、運營等方面予以全方位和全流程的引導及支援。

民建聯工商專業支部主席黃英豪、民建聯副主席及政策倡議委員會主席葛珮帆在會上分別就安全及在香港實際運作管理等方面作出深入交流。

葛珮帆表示，億航智能在無人駕駛航空器創新技術與應用模式方面是全球領先的企業，旗艦產品 EH216-S 已獲得中國民航局頒發全球首張 eVTOL 型號合格證、生產許可證和標準適航證。該公司擁有大量低空飛行研究、數據與經驗，可對在香港推動低空經濟發展作出積極貢獻。她高興得知該集團已探討在香港拓展業務，期望特區政府能盡快成立低空經濟發展工作小組，透過落實試飛項目，獲取不同場景的實際數據，以開展完善法例、建設低空管理系統及產業規劃等工作。

黃英豪表示，目前低空經濟已經成為國家重點發展的領域，香港需要抓住機遇，對接及部署。鑑於本港物流貨運成本愈來愈高，而無人機的空中物流未來會遠比傳統貨車運載成本低得多。因此，香港更應推動發展，以維持本港貨物貿易與物流零售業的競爭力。

2024 年 7 月 18 日
「香港低空經濟發展座談會——與億航智能董事長胡華智交流」新聞稿

12.
「發展新質生產力高峰論壇——構建灣區智慧城市群」暨大灣區低空經濟聯盟成立儀式

適逢中華人民共和國成立 75 周年及《粵港澳大灣區發展規劃綱要》公布 5 周年，由民建聯、香港中國企業協會資訊科技行業委員會（CEIT）及智慧城市聯盟（SCC）共同主辦的「發展新質生產力高峰論壇——構建灣區智慧城市群」暨大灣區低空經濟聯盟成立儀式今日在香港會議展覽中心隆重舉行。

活動特邀多位重量級主禮嘉賓出席，包括中央人民政府駐香港特別行政區聯絡辦公室副主任何靖、全國人大常委會委員李慧琼、前全國人大常委會委員譚耀宗、創新科技及工業局局長孫東、運輸及物流局局長林世雄、民建聯主席兼行政會議成員陳克勤、香港中國企業協會副總裁曾燊典等。

論壇圍繞如何通過新質生產力，提升大灣區智慧城市群的互聯互通、產業協同創新以及低空經濟的發展，展開深入討論。構建灣區智慧城市群所牽涉的城市及單位眾多，各地政府要做好部署，必先要在合作體系中訂立實施專案的優次和落實時間表，同時各地管理部門應訂立關鍵績效指標，讓參與者向著相同目標進發。

活動中有兩個重要環節，分別是遞交《以新質生產力構建灣區智慧城市群》政策倡議書，以及大灣區低空經濟聯盟的成立儀式。

民建聯副主席及政策倡議委員會主席、立法會議員葛珮帆在歡迎詞中提到倡議書有三個重點內容：一、進一步推動大灣區智慧城市群互聯互通；二、在大灣區內發展跨境低空經濟；三、推動中國科技出口，以大灣區標準連通國家標準及國際標準。

葛珮帆指出，建設智慧城市群被列為粵港澳大灣區發展的重要方向。

大灣區低空經濟聯盟成立典禮

發展新質生產力高峰論壇
構建灣區智慧城市群
暨大灣區低空經濟聯盟
成立典禮
CEIT
中企資訊科技
民建聯
DAB
SCC
智慧城市聯盟
Smart City Consortium
HKEIA
WTIA

雖然在大灣區內，深圳、香港、廣州在數字化轉型方面發展較快，但作為整體智慧城市群的表現仍有提升空間，需進一步打通，以提升人流、物流、資金流和資訊流的效率和安全性。

葛珮帆還提到，中央政府已將發展通用航空和低空經濟寫入二十屆三中全會公報中。針對目前低空經濟的發展大趨勢，每一個城市需要構建全鏈路技術來支撐低空經濟服務，因此成立大灣區低空經濟聯盟可協調各持份者，助力政府推動灣區發展跨境低空經濟。現時大灣區的低空空域政策及法規仍未完善，所以她建議香港特區政府盡快成立低空經濟發展跨部門工作小組，與大灣區內各城市對接，落實建設跨城低空航線。

在論壇上，主辦方向政府提交了《以新質生產力構建灣區智慧城市群》政策倡議書，並由香港中國企業協會資訊科技行業委員會主席孟樹森介紹當中 18 項的政策倡議。孟博士強調智慧灣區的互聯互通必須以穩定網絡支撐高效與安全的跨境數據流通。超高帶寬、超低時延、超高可靠都是決一不可的要素。在這基礎上，大灣區有潛力成為跨境低空經濟的先行者及示範區，促進國內外標準對接及與「一帶一路」沿線國家在新興領域的合作與交流，提升全球數字經濟競爭力。

接著由多位專家、學者圍繞倡議書內容作分享及回應，當中包括中國科學院院士葉嘉安、香港科技大學校董會主席沈向洋、澳門科技大學校長李行偉、中科院深圳先進技術研究院數字研究所李熚、中國信息通信研究院工業互聯網與物聯網研究所金鍵所長及中國聯通國際網絡部（科技創新部）總經理杜軍。

最後，論壇由智慧城市聯盟創辦人兼榮譽會長鄧淑明為大會總結。鄧博士認為綜合 18 項重點政策倡議，首要關鍵是主動溝通，達成共識，方能共同合作，互利共贏。香港作為灣區最國際化的城市，具備便利營商的環境、優良的法治傳統、自由的經濟制度、完善的資訊科技基礎建設及金融體系，並擁有高端人才及熟悉國際市場的專業服務業。在「一國兩制」下，配合國家「十四五」規劃、粵港澳大灣區建設和「一帶一路」等國家戰略，香港定能發揮獨特優勢，以國際經驗，共訂行業標準，構建領先的灣區智慧城市群。

2024 年 9 月 23 日

「『發展新質生產力高峰論壇——構建灣區智慧城市群』

暨大灣區低空經濟聯盟成立儀式」新聞稿

13.
歡迎《施政報告》接納民建聯倡議發展低空經濟，邀約發展低空經濟工作組會面交流

行政長官李家超今日（16 日）公布任內第三份《施政報告》。在〈因地制宜發展新質生產力〉的章節中，推出一系列措施發展低空經濟：政府會成立由財政司副司長領導的發展低空經濟工作組，以應用項目為起動，設定特定應用場地，推動試點項目；制訂法規及建設體系，研究部署基礎建設，推進與內地對接。

民建聯副主席、大灣區低空經濟聯盟創會會長、立法會議員葛珮帆認為政府能高速接納民建聯的倡議，成立跨部門的工作組，推動發展低空經濟是因時制宜、守正創新、積極有為的表現。對此她表示感謝及歡迎，期望有關部門能盡快公布相關細節，全速發展本地低空經濟。

她早前發起成立大灣區低空經濟聯盟（LAEA），倡議推動大灣區內低空經濟的協同發展。通過促進技術創新、資源共享及政策協調，促進低空

經濟產業鏈的形成及優化，提升區域內相關企業的競爭力，為大灣區經濟高質量發展貢獻力量。

葛珮帆已去信財政司副司長黃偉綸，邀約與其領導的發展低空經濟工作組進行會議，就推動低空經濟發展交流和討論。她希望了解不同應用場景申請試點項目及試飛的方法，並就基礎建設及與內地對接等關鍵問題提出意見。她期望在黃偉綸副司長的領導下，發展低空經濟工作組能推動香港發展成全球低空經濟的示範及領航城市，在大灣區內構建互聯互通、高效協作的低空經濟生態系統，實現低空交通、物流、旅遊和產業等全方位發展。

2024 年 10 月 16 日
「歡迎《施政報告》接納民建聯倡議發展低空經濟，
邀約發展低空經濟工作組會面交流」新聞稿

14.
大灣區低空經濟聯盟
向政府發展低空經濟工作組
提出 10 項重點建議

今年《施政報告》提出，成立由財政司副司長帶領的發展低空經濟工作組（下稱工作組），以制訂發展策略和跨部門行動計劃。於 9 月 23 日成立的大灣區低空經濟聯盟，是首個與工作組約見的團體。聯盟今日與財政司副司長黃偉綸、運輸及物流局局長林世雄、民航處官員等工作組成員會面。

大灣區低空經濟聯盟創會會長、立法會議員葛珮帆會後率領聯盟成員會見記者。她指，今日有 30 多位來自政、商、學界的聯盟成員與工作組會面，當中有 27 位聯盟代表發言。她形容會面有建設性，政府亦積極回應聯盟的意見。

葛珮帆引述工作組組長、財政司副司長黃偉綸，表示發展低空經濟必須有探索精神。政府會利用商界及學界的力量推動，亦會「邊做邊試」，解決眼前問題並顧及長遠發展。

葛珮帆強調，低空經濟是國家正大力推動的戰略性新興產業，是發展新質生產力的典範。產業鏈長、應用場景廣泛、發展潛力巨大。世界及全國各地都在搶企業、搶人才，並全速推進發展。因此她牽頭成立的大灣區低空經濟聯盟希望集合各界力量，助力政府發展低空經濟。

她續說，非常歡迎政府接納聯盟的倡議並成立工作組，期望政府能搶抓機遇，利用發展低空經濟推動經濟、改善民生。她代表聯盟在今日會面上，向工作組提出 10 項重點建議，包括必須有頂層設計、完善法規、為試點項目提供一站式服務、促進粵港澳低空跨境航線，並建議建立低空經濟科技研發及試飛基地，舉例首期可以在數碼港開始等。她強調，只要政府推出合適的政策及支援，市場自然會百花齊放。她對香港發展低空經濟充滿信心，聯盟未來亦會與工作組緊密溝通，努力推動低空經濟發展，為香港經濟創造機遇，惠及民生。

其他與會者在會上亦提出多方面的關注及建議，其中包括基礎網絡建設、航道規劃、安全標準、政策的前瞻性、持續發展及利用內地企業在低空經濟上積累的航線數據及經驗，加快先行先試。發揮香港作為內地低空經濟產業「走出去」的橋樑作用等。

葛珮帆又透露，自聯盟成立一個多月來，收到不少業界就「積極推進試點項目」提出不少建議，包括應用於消防應急、保安巡查、建築安全、城市管理、發展旅遊景點等。她說收到很多市民查詢無人機維港遊。她認為可以不同飛行高度限制解決維港禁飛區問題。她亦聽到鄉村及離島居民對醫療的需求，認為可試行在視像應診後，透過無人機運送藥物到偏遠地區。她認為各區的旅遊景點，包括海洋公園、迪士尼樂園、地質公園、濕地公

園等都可以發展低空旅遊。

聯盟顧問、立法會議員陳紹雄引述黃偉綸指，認為聯盟成員提出的意見具建設性及具備發展低空經濟的經驗。他在發言時提到，政府必須具備前瞻性，擔當促進者角色，同時必須有頂層設計及產業導向推動。同時，他建議特區與大灣區加強合作，形容「強強聯手，不應單打獨鬥」。

聯盟顧問、立法會議員林筱魯表示，感謝副司長承諾政府願意就發展低空經濟進行探索。他指，包含聯盟在內的民間團體，亦準備好從中貢獻一分力。相信只要政府善用民間力量，香港發展低空經濟絕對可「後發先至」。

2024 年 11 月 4 日
「大灣區低空經濟聯盟向政府發展低空經濟工作組
提出 10 項重點建議」新聞稿

15.
大灣區低空經濟聯盟與香港大學簽署合作諒解備忘錄攜手培育低空經濟高質量人才

低空經濟是國家戰略性新興產業。為加速推進大灣區低空經濟發展，大灣區低空經濟聯盟（下稱「聯盟」）今日與香港大學（下稱「港大」）簽署合作諒解備忘錄，成為戰略伙伴，共同推動大灣區成為全球低空經濟的先行者、示範區。這一舉措標誌雙方在培育低空經濟領域高質量人才及推動相關學術研究、技術轉化方面的深度合作，邁出了重要一步。

簽約儀式由聯盟創會會長、立法會議員、民建聯副主席葛珮帆，與香港大學副校長（研究）、工程學院及經濟及工商管理學院雙聘講座教授申作軍代表簽署。

根據協議，雙方同意在「教育」及「項目」上攜手合作，促進低空經濟領域的創新與實踐。通過整合雙方資源，共同開發、推廣先進的培訓課程和認證體系，建立一個持續的人才發展平台。

在教育方面，聯盟每年向港大推薦不超過 10 名合資格學生，攻讀港大低空科技工程理學碩士課程。聯盟會負責邀請知名專家、企業家擔任課程的講者及研討會嘉賓，亦會安排企業參觀活動，使師生可以從第一身角度、深入了解低空經濟領域的實際應用與發展趨勢。此外，雙方亦會聯合舉辦研討會、講座及參觀等，加強學術界與業界之間的交流與合作。

在項目方面，聯盟會與港大互相協助尋求資源，以推動學術、技術研究及技術轉化落地，並在條件許可時共同實施項目。

聯盟創會會長葛珮帆表示，國務院港澳事務辦公室主任夏寶龍提出香港要積極探索新產業、新業態，培育經濟增長新動能。低空經濟正以驚人的速度發展，各個城市都在搶人才、搶企業。聯盟的重要任務是集結各界力量，助力特區政府推動低空經濟發展，為國家和本地培育高質量低空經濟人才。她非常高興得知港大將成立低空經濟研究中心，及率先開設碩士課程。雙方成為戰略伙伴，可充分利用學術界及業界的力量，培育低空經濟領域的高質量人才、推動相關學術研究、技術轉化，共同推動大灣區成為全球低空經濟的先行者、示範區，搶佔低空經濟過萬億市場的新藍海。

港大對於這個多維度、跨學科的新發展項目極其感興趣。香港大學低空經濟研究中心將以工學院、理學院、經管學院及法律學院為核心。中心將和聯盟、本地其他院校合作，打造聯合創新平台，並將通過建立工業聯合實驗室、聘用資深從業工程師為學生輔導、授課及為業界培養研究生等，和香港、

內地業界展開深度合作。聯盟將立刻著手開闢一條試驗航線，積累低空營運經驗，優化飛行器，全面推動香港低空經濟的發展。

港大將於 2025 年 9 月開設的低空科技工程理學碩士課程，是全球首個在低空技術領域開設的碩士課程。課程預計招收 100 名學生，教授無人機技術創新、商業營運等專業知識，塑造具備環球視野的專業低空技術人才。

簽約儀式由多位重量級人士作共同見證，包括多位身兼聯盟顧問的立法會議員；港區全國人大代表召集人及民建聯副主席陳勇；港區全國人大代表黃英豪；招商局港口控股有限公司董事會副主席嚴剛；立法會議員林筱魯；聯盟創會副會長、香港大學計算與數據科學學院及社會科學學院地理系客席教授、智慧城市聯盟創辦人及榮譽會長鄧淑明。代表包括：港大協理副校長（研究）尹曉波、工學院院長、機械工程系講席教授、美國工程院院士 David J. Srolovitz、工學院副院長（學生拓展）霍偉棟、機械工程系主任兼講席教授黃明欣、及機械工程系常務副主任黃立錫。

2024 年 11 月 11 日
「大灣區低空經濟聯盟與香港大學簽署合作諒解備忘錄
攜手培育低空經濟高質量人才」新聞稿

16.
大灣區低空經濟聯盟與香港理工大學簽署合作備忘錄推動香港低空經濟發展

低空經濟作為「大力推進現代化產業體系建設，加快發展新質生產力」的新增長引擎，已被納入國家戰略性新興產業範疇。為推動學術界及產業界的合作，大灣區低空經濟聯盟（下稱「聯盟」）與香港理工大學（下稱「理大」）於今天正式簽署合作備忘錄，就促進低空經濟領域的創新與實踐、推動學術研究和技術轉移開展合作，共同推動大灣區低空經濟發展。

今日在理大舉辦的航天航空科技創新高峰會，在「香港低空經濟發展」專題論壇上，聯盟與理大共同簽署合作備忘錄。簽約儀式由聯盟創會會長、立法會議員、民建聯副主席葛珮帆，與香港理工大學副校長（研究及創新）趙汝恒代表簽署。

聯盟創會會長葛珮帆指，理大積極支持低空經濟的發展，為加強人才培訓，將於 2025 年 9 月開辦低空經濟碩士課程。課程內容涵蓋飛機設計、空域管理、航道規劃等，全面培育低空經濟所需要的專業人才。備忘錄主要達成教育合作、企業合作、聯合舉辦活動等方面的協議，包括聯盟會為學生提供實習機會，為優秀學生提供支援、講座等，理大亦會優先為聯盟成員培育高質量低空經濟人才。

理大副校長（研究及創新）趙汝恒致辭時指，低空經濟正是國家大力推動的新興產業。作為發展新質生產力的引擎之一，理大積極支持低空經濟相關技術的發展，包括無人機包裹運送和無人機運輸系統。在人才培訓方面，理大開辦的低空經濟碩士課程是獨特的跨學科課程，兼顧技術研究及商業營運，內容涵蓋航空硬件方面，如飛機設計；民航軟件方面，包括空域管理、航道規劃、貨物以及人流運輸，全面培育專業人才。

理大亦會邀請聯盟成員中的低空經濟領域專家，為課程擔任講者或嘉賓，分享行業最新動態及經驗。聯盟亦將協助安排企業參觀，讓師生深入了解低空經濟的實際應用和行業趨勢。此外，聯盟和理大更會不定期舉辦研討會、講座、參觀等活動，加強學術界與業界交流，促進科研成果轉化落地。

葛珮帆表示，透過上述合作，期望為促進低空技術領域學術交流、推動低空經濟發展創新帶來積極作用。同時希望透過業界及學界合作，為學生和研究人員提供實踐平台，為大灣區低空經濟發展儲備人才。她並期望本次合作能夠協助企業更多地參與到科研項目之中，並釋放大學科研轉化的潛力。

簽約儀式上，還有多位來自大灣區低空經濟聯盟和智慧城市聯盟的領導，以及理大的代表共同見證這一重要時刻。包括大灣區低空經濟聯盟副會長、智慧城市聯盟創辦人及榮譽會長鄧淑明、大灣區低空經濟聯盟副會長李帆風、智慧城市聯盟會長楊文銳；理大方面則由校長滕錦光、工程學院院長文効忠、航空及民航工程學系系主任及航空工程講座教授溫志湧代表出席。

2024 年 11 月 19 日
「大灣區低空經濟聯盟與香港理工大學簽署合作備忘錄
推動香港低空經濟發展」新聞稿

17.
大灣區低空經濟聯盟與香港測量師學會簽署合作備忘錄，開啟低空經濟與測量專業的跨界合作

大灣區低空經濟聯盟（下稱「聯盟」）與香港測量師學會（下稱「學會」）於 3 月 31 日聯合舉辦了「測量師賦能低空經濟」專業論壇。聯盟創會會長、立法會議員葛珮帆與香港測量師學會會長梁志添代表雙方簽署合作備忘錄，宣佈將在低空經濟發展的基礎設施、土地規劃、空間數據建設、工程測繪、人才培訓和創新應用等方面加強合作，推動粵港澳大灣區低空經濟產業的蓬勃發展。此次論壇吸引了近百位業內專家、學者和企業代表參與。

葛珮帆在演講中表示，低空經濟作為國家戰略性新興產業，將為測量師業界帶來全新的機遇。測量在低空經濟發展中扮演著至關重要的角色，空間數據更是低空經濟航道規劃的基石。她期望聯盟與學會攜手培訓更多具備低空經濟知識的測量師，共同推動測量、建築、工程、規劃及建造業的發展。

葛珮帆指出，無人機航線規劃依賴地理資訊系統（GIS）對數據的空間分析，結合政府的空間數據共享平台（CSDI）提供的地形、障礙物分佈等信息，確保飛行路線安全、合理和合法。本港建築物密集，測量師在城市規劃時能根據不同區域的功能定位，劃分適合低空飛行的區域及升降點，以滿足社會需求。此外，無人機結合地理空間智能技術所提供的高精度環境信息影像，將助力建築、工程及建造行業發展，有效應對傳統模式在複雜地形及快速變化的施工現場中的挑戰。

梁志添在致辭中表示，舉辦論壇及簽署合作備忘錄標誌著測量專業與低空經濟之間的重要跨界合作。學會將專注培訓人才與創新應用，推動行業發展。低空經濟不僅是技術革命，也是城市管理及產業升級的黃金機會。他強調，學會將繼續協助政府完善空間數據系統，制定安全且高效的低空

管理方案，並利用香港「一國兩制」的優勢，串聯大灣區資源，致力打造國際級的低空經濟中心。

學會副主席徐開源在總結發言中指出，本次論壇深入了解測量師如何從各個層面參與低空經濟，及與低空經濟發展的緊密結合。測量師在低空經濟中一直發揮關鍵作用，未來將不斷拓寬領域內的服務範疇，彰顯專業價值。

2025 年 4 月 1 日
「大灣區低空經濟聯盟與香港測量師學會簽署合作備忘錄，
開啟低空經濟與測量專業的跨界合作」新聞稿

18.
考察順德低空經濟，倡港推「人工智能 + 低空經濟 + 城市管理」提升施政效能

大灣區低空經濟聯盟創會會長、立法會議員葛珮帆，及聯盟顧問陳紹雄、林筱魯早前去佛山市順德區考察，了解今年剛成功建設及使用，結合人工智能 +5G 無人機的城市管理系統。

佛山市順德區以往對無人機城市管理系統缺乏統一規劃，各鎮、部門之間「各自為戰」，收集到的信息及飛行數據不完全對稱，也未能充分共用，重複飛行的現象普遍，導致整體投入成本較高。經改革後，目前已在全區 10 個鎮鋪設 34 座無人值守固定式機場和 4 台移動式無人機，並在全區設置 3200 多個全景點，構建全視角、全地形、週期性、地毯式覆蓋的機場體系，確保無人機飛航拍攝任務覆蓋全區。更建設了無人機綜合管理平台、飛行任務管理系統、無人機作業與數據共享平台，滿足指揮調度和運行監管需要，實現工單全流程跟蹤的閉環管理。通過結合飛航數據和人工智能算法，識別和產生涉及垃圾堆積、違規建設、裸土揚塵、水色異常等 12 個場景，系統會自動將異常情況發工單給相關部門，協助部門快速、有效地解決城市管理、環境整治等方面的問題。

例如過往，順德住建水務部門人員想要監察有否發生非法排放污水到河流等環境衛生問題時，他們需要親身沿著河堤，以駕車或步行形式巡河檢查，每次需時大半天。引進無人機後，搭載攝影機的無人機沿河岸飛行一次只需 30 分鐘，更能即時拍攝實地相片。有關數據通過 5G，可以即時傳輸到無人機指揮調度中心的數據庫。經過人工智能的識別後，可以自動生成河流污染問題的線索，並即時通知住建水務部門跟進處理。

特區政府早前成立了由財政司副司長及運輸及物流局局長分別擔任正、

副組長的低空經濟工作組，正在接受各界申請應用試點項目。三位議員均認為工作組除了考慮物流配送、應急救援、巡查巡檢等典型低空應用外，亦應該著手建立數字化空域監管及控制系統。他們倡議政府以「人工智能 + 低空經濟 + 城市管理」作為主要應用場景，提高城市治理能力及施政效能。

葛珮帆指，佛山市利用低空技術，改革城市管理及制度創新的相關經驗，值得香港政府借鏡。她指佛山市順德區多個政府部門，包括公安、應急管理局、自然資源局、生態環境局、住房和城鄉建設局、城市管理行政執法局等，及 10 個鎮共享無人機巡查系統。系統配合人工智能模型，提升城市管理效率，加強了無人機的資源統籌和數據統採共用，減少重複建設和投入，節省財政支出。

無人機可以搭載多種監測儀器，並自動飛行。通過構建空中巡查體系，一次飛行就可以採集到不同部門所需要的數據。輔以人工智能技術，能夠有效識別各種城市管理的問題，包括違規建築及非法棄置垃圾等，解決傳統城市管理反應慢、效率低等問題。

她認為香港各個政府部門仍在安裝數據不能共享且活動範圍有限的閉路電視，已是比較落後的方案。政府應帶頭使用創新的低空科技，結合人工智能，改革城市管理，提升政府施政效能，推動創科及低空經濟產業發展。

陳紹雄認為，香港發展低空經濟，應參考世界各地的經驗。尤其是近在咫尺的幾個大灣區城市，包括廣州、深圳、佛山等。這些城市正在與灣區內外等 15 個城市攜手共建低空經濟生態圈，並計劃到明年打造 100 個示範項目。其中會開發一些低空飛行路線，及建立具通訊、導航、遙感和空域監

管功能的低空網絡示範區及項目。

林筱魯指，內地各類城市環境管理、偵查、監測軟、硬件的市場信息極度公開。順德市政府在半年間建設了統一的 5G+ 無人機城市管理平台，包括 34 個固定式無人機場，全面覆蓋順德區 10 個街區。這是決心的表現，亦反映內地低空經濟產業鏈的成熟程度。

與調度中心負責人的交流中，得悉他們面對當前爆發性的科技突破，在未有完整的法規框架下，一步一腳印地，在可控範圍內嘗試應用在不同場景，逐步建立數據庫及拓展應用層面。並繼續理順飛行路線及空域，以保障安全及市民私隱，同時探討跨市飛行的系統管理問題。

林筱魯認為香港雖在起步階段，但就法律框架及跨境飛行而言，後來趕上並非妄想。香港亦可與內地城市協同研究發展，借助內地豐富的地質環境資源及彈性政策，選擇以至創造合適的測試場景。大幅縮減不同產品及系統的測試及批核時間，加速低空經濟發展，強化大灣區城市間的協作與融合，共同開拓展海內外市場。

2024 年 11 月 24 日
「考察順德低空經濟，倡港推『人工智能 + 低空經濟 + 城市管理』
提升施政效能」新聞稿

19.
大灣區低空經濟聯盟與珠海香洲區政府成立港珠澳大橋低空運輸物流走廊工作組

在 2025 年全國兩會對低空經濟發展給予政策支持的背景下，大灣區低空經濟聯盟（下稱「聯盟」）為推動低空經濟產業發展，促進香港、珠海兩地的協同合作，於 3 月 10 日組織了大灣區約 20 家企業代表赴珠海開展低空經濟產業考察及交流。考察團由聯盟會長、立法會議員葛珮帆率領，同行包括聯盟顧問、立法會議員陳紹雄及嚴剛。期間參觀了多家珠海低空經濟企業，並與珠海市香洲區政府舉辦交流會，圍繞低空技術創新、區域協同發展及跨境運輸進行深入交流。

兩會期間，《民用航空法修訂草案》提交全國人大常委會審議，其中明確規定保障低空經濟發展對空域利用的合理需求。這為有效利用空域資源提供了堅實的法律保障。同時，2025 年《政府工作報告》提出因地制宜，發展新質生產力，開展新技術、新產品、新場景的大規模應用示範行動，推動低空經濟等新興產業的安全健康發展，為低空經濟發展指明方向。

葛珮帆表示此次考察收穫頗豐，珠海市在低空經濟領域展現深厚的發展潛力。眾多企業在無人機智能控制、高精度導航技術以及低空物流系統等方面均取得成果。

她指出，此次考察交流是聯盟為推動區域協同發展邁出的重要一步。與珠海市香洲區政府深入討論了落實跨境項目面對的困難和解決辦法，雙方都認為港珠澳大橋連接珠海及香港，沿著港珠澳大橋建設低空運輸物流走廊的條件得天獨厚，最重要是先「飛起來」。聯盟與香洲區政府在會上通過共同成立港珠澳大橋低空運輸物流走廊工作組，推動兩地的跨境運輸合作。

港珠澳大橋低空運輸物流走廊工作組計劃積極推動試點，先解決跨境無人機飛行上的技術問題，再協調兩地解決跨境空域管理等問題。期望以「先載貨，後載人」的模式發展，建立跨境合作機制，制定統一的行業標準和監管政策，盡快實現跨境低空經濟的互利共贏，為大灣區低空經濟產業發展提供創新驅動力。

是次考察團成員由來自香港、澳門、深圳及廣州等地的企業領袖、科技專家及學術界人士組成。期間與珠海市委常委、香洲區委書記劉力等香洲區政府代表會面。考察團亦參觀了低空物流系統研發與商業化應用的最新成果，並考察無人機智能控制、高精度導航技術、城市空中交通解決方案等，與當地企業及科研機構進行了深入交流，探討低空經濟在物流、交通和運輸等領域的應用前景。

2025 年 3 月 12 日
「大灣區低空經濟聯盟與珠海香洲區政府成立
『港珠澳大橋低空運輸物流走廊工作組』」新聞稿

20.
大灣區低空經濟聯盟與香港大學訪問國家衛生健康委員會人體組織器官移植與醫療大數據中心一致認同成立跨境醫療器官低空運輸研究工作組

大灣區低空經濟聯盟攜手香港大學，於 2 月 17 日前往廣州，到國家衛生健康委員會人體組織器官移植與醫療大數據中心進行訪問。訪問團由大灣區低空經濟聯盟創會會長、立法會議員葛珮帆率領，成員包括聯盟副會長鄧淑明、立法會議員陳恒鑌、林哲玄、香港大學低空經濟研究院執行院長黃立錫、北京航空航天大學教授鄒正平等。期間了解到內地器官捐贈、分配、移植等歷史與制度，並一致認同成立跨境醫療器官低空運輸研究工作組，深入探討設立跨境醫療器官低空運輸綠色通道路線及技術需要等，為跨境醫療發展與生命救援開闢新的思路與方向。

葛珮帆指，人體器官捐贈和移植是國家醫學發展和社會文明進步的重要標誌，每一宗器官捐贈都是無私、大愛的生命之禮。本港在 2 月 16 日，成功為 8 個月大女嬰祈祈完成心臟移植手術，這是繼 2022 年，4 個月大女嬰芷希成功進行心臟移植手術之後，第二宗內地跨境器官捐贈案例。移植手術創造了奇跡，挽救了兩條寶貴的生命。她了解到，兩次安排都面對很多挑戰，全靠內地及香港的醫護團隊排除萬難才能成功。她期望香港與內地能盡快建立恆常器官移植協作機制，增加捐贈器官成功配對的機會。由於器官捐贈對運輸時間的要求嚴格，低空運輸可以避開路面擠塞的問題，加快運輸速度，從而提高成功機會，是非常值得探討的發展方向。

訪問當日，訪問團在中心主任王海波的陪同下，首先參觀了中國器官捐贈與移植發展博物館，全面了解全球和內地自上世紀 60 年代以來，器官移植的發展歷程。其後聽取器官移植大數據中心代表介紹內地人體器官捐獻與移植工作的發展，體會該領域的艱辛探索與成就。

在座談會上，雙方圍繞設立跨境醫療器官低空運輸綠色通道路線展開深入交流。器官移植大數據中心分享了內地人體器官捐贈與移植工作的發展成果與經驗，大灣區低空經濟聯盟則闡述了低空運輸在醫療運輸方面的優勢及技術，香港大學代表也從專業角度提出了寶貴的研究成果與建議。各方就技術難題、政策支持、協調機制等關鍵問題進行討論，並一致認同成立跨境醫療器官低空運輸研究工作組，為後續合作奠定基礎。

葛珮帆表示，此次訪問是大灣區在跨境醫療領域的一次重要探索，標誌著各方在推動跨境醫療器官低空運輸上邁出關鍵一步。未來，大灣區低空經濟聯盟、香港大學與國家衞生健康委員會人體組織器官移植與醫療大數據中心將繼續保持密切溝通，共同努力，爭取早日建立高效、安全的跨境醫療器官低空運輸綠色通道路線，為所有正在輪候器官捐贈的市民帶來更多希望，為推動大灣區醫療合作與社會發展貢獻力量。

2025 年 2 月 18 日
「大灣區低空經濟聯盟與香港大學訪問國家衞生健康委員會人體組織器官移植與醫療大數據中心一致認同成立跨境醫療器官低空運輸研究工作組」新聞稿

21.
大灣區低空經濟聯盟與香港大學成立低空經濟法律法規小組，推動低空經濟在法治軌道上穩健前行

由大灣區低空經濟聯盟（下稱「聯盟」）與香港大學宣布成立大灣區低空經濟法律法規小組（下稱「小組」），於 2 月 19 日在立法會大樓召開了首次會議。小組成員包括聯盟創會會長、立法會議員葛珮帆、聯盟副會長鄧淑明、全國人大代表陳曉峰、立法會議員周浩鼎、簡慧敏、林筱魯、陳紹雄、香港大學低空經濟研究院執行院長黃立錫、香港大學法律專業學系首席講師許文恩及深圳市航空業協會副秘書長黃茜等。與會者圍繞大灣區低空經濟的法律和監管發展展開深入探討，為長遠發展出謀獻策。

葛珮帆強調，大灣區要發展低空經濟，法律法規必須加快完善。由於低空經濟涉及多領域，從無人機飛行安全到數據安全，商業運營規範到跨境活動監管，都需要明確且完善的法律條文來保障各方權益、規範市場秩序。當前，新興技術不斷湧現，應用場景日益豐富，政府急需加快立法進程、細化法律條款，確保低空經濟在法治軌道上穩健前行。

葛珮帆指，低空經濟跨城聯動，發展智慧灣區，已經是大灣區內各城市的共識。其發展潛力無限，將為大灣區帶來重大經濟效益。她認為香港有能力成為全球低空經濟法律與監管的先行者，推動建設大灣區低空監管標準，助力大灣區在低空經濟領域走出去，搶佔國際競爭高地，實現經濟的創新發展與轉型升級。她相信在小組及各方的共同努力下，大灣區低空經濟將在完善的法律監管體系護航下蓬勃發展。

陳紹雄指出，全球目前尚未有地方建立完整的低空經濟法律體系。香港可憑完善且國際化的法律制度，在無人機管理、基礎設施、空域管理、風險管理及保險等方面，與內地合作，建立明確的法律框架、監管標準、專業

培訓和資格認證等。

黃立錫提到，跨境合作是大灣區低空經濟發展時繞不開且必須解決的關鍵問題。隨著大灣區加速一體化，香港與內地在低空經濟領域的交流合作愈發頻繁。但香港與內地的法律制度、監管模式存在差異，為跨境低空經濟活動帶來難度。因此，為加強兩地在低空經濟領域的跨境合作，建立統一、協調的跨境監管機制迫在眉睫。

許文恩提出，要構建低空經濟法律框架，需考慮包括空域界定、無人機分類、跨境無人機規管、商業無人機保險模式等。對於低空空域範圍的界定和實施分層空域管理，香港應積極借鑑國際先進經驗，並結合本地實際情況，制定合理方案。在無人機分類監管上，要充分考慮不同無人機類型的功能、風險等級以及應用場景，實行差異化監管，提高監管效率。

在首次會議中，小組成員就法律框架、分類與應用場景、責任與保險和基礎設施等展開全面討論。未來小組將就三個範疇展開調研，向政府提出建議，包括政府計劃於今年內修訂的《小型無人機令》（448G 章）、大型載貨載人無人機的法例，及跨境無人機運輸的法律問題。小組期望透過結合業界及學術界的力量，通過深入探討研究，為內地及本港政府提供有價值的建議，全力推動法例落地實施，為大灣區低空經濟發展提供更堅實的法律保障。

2025 年 2 月 20 日
「大灣區低空經濟聯盟與香港大學成立低空經濟法律法規小組，
推動低空經濟在法治軌道上穩健前行」新聞稿

第二章
綠色香港——
節能減排邁向碳中和

評論

1.
綠色建築設計的重要性

我年初與數名議員，聯同資深工程師及科技專家成立了智慧生活促進組。日前建議新一屆政府建設智慧綠色宜居香港，並提出立法規管建築工程及樓宇的碳排放、善用科技大數據、發展智慧綠色經濟生態圈、加快人才培訓，為市民創造更舒適健康的生活環境。

現時本港土地發展緩慢，上游階段的規劃與公眾諮詢，中下游階段的土地回收及清理、土地平整與樓宇建設等工序需時甚久，審批程序重複，拖慢土地及房屋供應，建屋量未達標。此外，低碳、減廢及環保是全球主流共識。兩年多的新冠疫情，更加凸顯綠色建築設計對市民身心健康和社會可持續發展的重要性，惟環保建築法規仍落後。

針對智慧規劃、建築及樓宇存在的問題，我建議政府應更新現有法規及理順程序，研究立法規管建築工程及樓宇的碳排放量，建立一套碳審計、碳強度標準的系統及數據庫，確保未來基礎設施能促進低碳生活；把政府統計處改組成大數據局，加設地理資訊及統計專隊，負責收集、分析、整理，及開放有用的數據；加快與內地研究區域碳市場的深化發展、創建適用於大灣區的減排機制，達致 2050 碳中和，並助力國家實現「雙碳」目標；檢視及提高政府官員的科技素養及創科管理能力，優先取錄有創科經驗的專才加入公務員隊伍，同時在公務員學院加強智慧城市及相關科技的培訓。

實現可持續發展的建築，必須在建築的全壽命周期內貫徹可持續發展戰略。隨著推進基建與新都會區項目，除運用智慧科技，以縮短規劃、覓地和建屋時間外，政府也應推廣環保建築，提升本港宜居程度。

2022 年 4 月 29 日《東方日報》〈仗義執言〉

2. 締造理想綠色香港

膠袋棄置量近年激增，2020 年的棄置量為 41.8 億個，按年增加 2.6%，嚴重破壞生態環境。政府日前提出提高膠袋徵費至每個一元，外賣限免費派發一個膠袋，並取消豁免冰凍或冷凍食品。以及擴大管制範圍，涵蓋非必要的即棄塑膠製品如枱布、即棄膠手套、氣珠膠膜包裝及充氣打氣棒等。

我歡迎有關措施，相信提高徵費及加強規管有助源頭減廢，推動綠色經濟發展。政府 2009 年推出膠袋徵費，受規管的零售類別膠袋棄置量，由計劃實施前約 6.6 億個，減至實施一年後的 1.5 億個。惟政府未有按時優化措施，又未有完善配套，以致成效未如理想。政府日後需定時檢討，適時調整徵費。

疫下外賣大增，更出現網購過度包裝問題。政府應考慮擴大即棄塑膠

產品的管制範圍，包括物流氣珠膠膜包裝及其他即棄塑膠產品，例如即棄塑膠杯、碟和食物容器。這些產品都是非必需品，或已有非塑膠製的替代品。針對市民憂慮取消豁免冷凍食品，我認為政府可設適應期，鼓勵大眾改變習慣，使用可重用的食品分裝袋與食物盒。至於豁免外賣袋收費，政府未交代派發條件，究竟是一袋一飯盒還是一單一個袋，望政府釐清。

與台灣、南韓相比，本港環保工作較落後。但政府近年已推出《香港資源循環藍圖 2035》、《香港氣候行動藍圖 2050》，期望當局做好牽頭角色，與持份者充分協調，與市民共同攜手締造理想綠色香港。

2022 年 4 月 22 日《東方日報》〈仗義執言〉

3.
盡快解決社區衛生問題

本港地區環境衛生和街道管理問題根深蒂固，各種「老、大、難」的衛生頑症嚴重降低生活質素。民建聯早前公布「全港衛生黑點巡查行動」報告，共發現全港有 142 個衛生黑點，當中九成更是長期存在衛生問題。

報告亦提到，黑點常見的衛生問題包括垃圾及廢料堆積、渠道淤塞並發出惡臭、鼠患、冷氣機滴水、垃圾阻街、廚餘布滿後巷等等，衛生環境惡劣。加上政府分工過於明細，往往為環境衛生責任屬誰問題而爭拗很久。除卻令公眾產生互相卸責的觀感，惡果亦由市民「埋單」。

為此，民建聯成立工作小組跟進，並對政府提出建議：包括使用嶄新手法，如優化垃圾站的設計與功能，引入智能化收集系統等；檢視現有計劃並增撥資源，強化監控及打擊違例食肆與商戶；加強支援清潔工人，增設休息室、改善工作環境、加強培訓及增聘人手；採用集體管理或小區管理模式，為「三無大廈」提供清潔公用地方及防治鼠患的服務；加強滅蟲滅鼠及防治工作，成立地區滅鼠專責小組，增加誘蚊產卵器，並適時調整防治策略；將智能科技及居民需要相配合，重新設計鄉郊垃圾站及垃圾桶；舉辦社區清潔日、屋苑清潔比賽等，加強宣傳和教育。

由上世紀至今，清潔香港運動已推行逾 60 年，卻一直雷聲大雨點小，社區衛生問題未有顯著改善。新一屆政府成立地區事項統籌工作組，銳意解決問題，並建立標準運作模式，督導和統籌跨部門職能的問題。我冀工作組能帶來正面效果。同時亦期望當局能接納上述建議，各部門能承擔責任並迅速處理，從而提升香港整體環境衛生及市容，及提高市民生活質素。

2022 年 8 月 5 日《東方日報》〈仗義執言〉

4.
善用科技助清潔香港

港府為改善深植社區的環境衛生惡疾，早前公布「香港新市容全港清潔運動」，並於近日展開為期三個月的「打擊衛生黑點計劃」，重點打擊全港 600 多個衛生和街道管理黑點。政務司副司長及多名政府官員輪流落區視察及宣傳，致力改善衛生環境。

清潔行動牽涉範圍既多且廣，包括街道、後巷、垃圾收集站、「三無大廈」、公廁及海上垃圾等，難免會出現漏網之魚。且過往有關部門因權責不清而相互推託，故此社會上有聲音質疑及憂慮清潔計劃的可持續性與成效。

誠然，改善環境衛生問題絕非易事，清潔行動要持之以恆，仍有賴市民參與和科技支援。我日前在前廳交流會中，亦建議政府善用智慧科技，如提供網上地圖，再結合地理資訊系統、閉路電視、衛星圖像、人工智能等技術，實時顯示街道及衛生黑點的狀況，讓地區義工評分，再配合簡單操作的手機程式，讓市民實時舉報衛生問題。除了吸引市民參與，更能培養對所屬社區的關注。參考美國相似案例，CleanStat 透過應用程式讓市民為街道的清潔度評分。在 2016 年第四季，近九成街道清潔度得到最高分，而分別被評為「污糟」和「中度整潔」的街道則減少八成多，可見群眾的力量。

此外，政府亦可運用土木工程拓展署研發的聯合運作平台，供各部門互通資訊、整合及分析數據，並把收集到的地理空間數據，作預先分析，協助制訂工作應對方案，提高效率並加強默契。

清潔香港，人人有責。為改善各種衛生問題，期望政府能落實上述建議，並加強宣傳教育，提升公眾意識，以凝聚社會各方力量，齊心締造清潔香港。

2022 年 8 月 20 日《東方日報》〈仗義執言〉

5.
鼓勵回收 重建信心

申訴專員公署日前發表報告，批評三色回收桶使用不當，不少市民反映回收桶經常滿溢，衞生情況不理想。回收桶裏的垃圾又棄置於堆填區，大大影響回收成效。作為立法會環境事務委員會主席，我認為，雖然近兩年回收桶的衞生情況有改善，但是仍建議政府善用科技，讓市民更容易找到回收桶，並提供更多誘因鼓勵回收。最重要是建立妥善再造的渠道，重建市民信心。

政府於 1998 年開始設立三色廢物回收桶，惟回收率每況愈下。2014 年回收率尚有 37%，到 2018 年回收率下跌至 30%，跟 2022 年達致 55% 回收率的願景相距甚遠。不少市民仍對回收再造及如何回收缺乏認知，政府應加強宣傳推廣，善用桶上的二維碼，提供更多資訊。亦可加裝感應器，記錄回收桶容量，改善滿溢情況。以有獎有罰為誘因，例如膠樽回贈機，助推動回收。

本港塑膠及廢紙回收率低於全球水準，市民對回收失去信心亦是癥結所在。經常有傳媒及團體追蹤回收物的去向，發現市民努力在源頭分類的廢物，最後仍是送往堆填區。「好多市民無心機就唔想做」，歸根究柢，回收物因缺乏市場及出路，失去商業價值，所以才會被送到堆填區。

本港回收業一直仰賴出口廢料，易受外圍因素影響。近年香港廢物運回內地困難重重，回收後的廢物出路是最大的樽頸問題。政府需支援業界提升回收質量，並發展本地循環再造產業。

總體而言，加強推廣及教育、落實生產者責任、廢物徵費、提供獎賞、完善社區回收設施、與地區組織協作，做好社區動員，確保回收物有再造出路，才能重建市民信心，鼓勵全民參與環保減廢。

2022 年 5 月 5 日《東方日報》〈仗義執言〉

6.
加快「走塑」締建綠色香港

香港多年來面對迫切而嚴峻的塑膠問題。為減低棄置量，政府 2009 年推出首階段膠袋徵費，並在 2015 年把計劃擴展至整個零售業界。2015 年全面實施膠袋徵費後，膠袋使用量一度下跌 25%。惟其後幾年膠袋棄置量有回升趨勢，至 2020 年，每年仍棄置 41.8 億個。

立法會日前通過提高塑膠購物袋徵費的決議案，把膠袋徵費由五毫調高至一元，並收緊豁免範圍，包括取消豁免冷凍食品等。新議案將於今年底實施。我對提高金額表示歡迎。有建議提出，徵費提高至兩元或更有效，惟調整幅度需考慮多方因素。現時整體經濟環境仍然較差，或加重基層市民的負擔。再者，徵費所得金額由商戶保留，間接變成大型商戶的暴利。

膠袋徵費的重點應旨在減少市民索取膠袋的意欲，達到源頭減塑，「一味靠罰錢」治標不治本，加上「罰金」亦不會用作推動環保。想從根本解決問題，政府應加強宣傳和教育，在不同層面全面推廣「走塑」文化，改變市民習慣。

保護環境、減廢減塑是每個人的責任，全球 175 個國家的代表已於今年 3 月在聯合國環境大會上達成協議，將開始草擬一項全球性協定，以解決嚴峻的塑膠污染問題。是次提高徵費的議案，以及日前政府建議提前首階段管制即棄膠餐具和其他塑膠產品的安排，在很大程度上推動本港環保發展，跟上世界減廢步伐。我期望在推動「走塑」時間表的同時，當局亦要加強可降解塑膠產品的管制，並積極推動研發本地生產替代品，加快推出高效的替代產品及優化回收配套。配合低碳轉型及加強環保，讓低碳綠色科研基金用得其所，合力建設更清潔和綠色的香港。

2022 年 10 月 21 日《東方日報》〈仗義執言〉

7.
務實推動環保減廢

政府宣布將會暫緩原定於 2024 年 8 月 1 日實施的都市固體廢物收費計劃。本人長期關注及支持環保議題，在政府於年初宣布實施日期後，密切留意民意，聽取多方意見，發現多數市民並不支持政府在 8 月 1 日如期實施收費計劃。現有計劃若如期實施，將會造成市民及業界的經濟負擔，非但無法達到鼓勵市民減廢的初衷，反而會引起市民對環保議題的反感。因此，本人認為政府暫緩計劃實施日期是務實及從善如流的決定。然而，我必須指出，徵費只是手段，減廢才是最終目標。即使當局決定暫緩計劃，在環保工作上亦不應怠慢，讓市民以為暫緩計劃是環保後退之意。

近月來，計劃在城中引起熱議，市民對環保回收的關注及意識大大提高，回收工作的成效亦有所提升。同時，社會各界亦向政府提出了不少減廢建議，為長期推動香港環保事業出謀獻策。政府應把握時機，吸收並完善環保政策，對此，本人認為政府應從以下四個方面推動環保工作：

第一，加強回收減廢教育。政府應把握市民對環保關注度高的時機，將環保意識拆分從小到大的不同環節，包括甚麼可以回收、在不同場景如何潔淨回收、在哪裏回收等。為市民提供普及教育，把環保意識真正融入市民生活。

第二，逐步完善回收配套設施，增加回收設施。香港市民對環保的熱誠不低，不少市民願意參與回收減廢。但回收設施的配套不完善，導致市民心有餘而力不足。增加回收配套設施例如廚餘機，方便市民參與回收減廢，是引領市民塑造環保生活習慣的關鍵。

第三，支持香港回收再造業的發展。回收物品的出路是市民重點關注

的議題之一。長期發展環保不能只做源頭減廢，亦要考慮回收物的出路，尤其不能隨便棄置於堆填區。支持香港回收再造業的發展，可以讓香港環保事業在源頭和出路都得到妥善解決。

第四，轉廢為能，將廢物化寶。現時大灣區不少城市已經建立垃圾焚燒發電設施，將廢物變成能源的同時實現「零堆填」。政府應更積極爭取中央支持，學習或共享大灣區轉廢為能的成果，實現大灣區資源一體化，協同建設大灣區綠色生態圈，實現「無廢灣區」。

環保需要全民參與及長期堅持，並不能通過某項單一政策或措施去實現目標。都市固體廢物收費計劃會否在未來重啟，還需要和政府進行下一步討論。但相信政府已經學習到寶貴經驗，我也會繼續密切關注環保政策，共同推動香港環保發展。

2024 年 5 月 31 日《香港商報》〈建評〉

8.
「走塑」循序漸進 確保不會擾民

管制即棄膠餐具和其他塑膠產品的相關法例將於 4 月 22 日（世界地球日）開始實施，全港所有商戶和食肆都不可再提供或銷售發泡膠餐具、膠刀、膠叉、膠碟、膠飲管等；禁止出售派對帽、膠柄棉花棒、雨傘袋等；酒店客房不可免費提供膠柄牙刷、剃刀、膠樽裝水、小樽裝沐浴露等。

新法例實施後，環保署會採循序漸進的執行模式，在 6 個月適應期內派員巡視運作情況，集中宣傳教育，並提供建議和資訊，協助企業遵守新法例規定。「走塑」分兩個階段實施，次階段將會全面禁止食肆提供膠杯和膠蓋、膠食物容器等。環保署強調「走塑令」由供應方面控制，不針對市民，市民無須憂心。環保署建議商戶應盡快在適應期內用完受規管產品的存貨，並應盡早預備合適的替代品，避免浪費。社會對「走塑令」反應較平靜，有關政策應可順利落實，這與垃圾徵費政策的一波三折形成鮮明對比，為香港未來更有效地推動環保政策提供借鑑。

塑膠問題威脅環境生態和人類健康。減塑和「走塑」近年已成國際間共識，香港也需趕上步伐。目前各國已全面或局部禁止使用即棄塑膠餐具，如南韓於 2021 年禁止免費提供即棄外賣餐具；歐盟亦將禁用 10 多款餐具、飲管、食物盒等即棄塑膠用品；日本要求塑膠必須分類回收；德國不准以堆填處理塑膠等。台灣之經驗可供香港參考。台灣人每年消耗近 40 億個即棄膠杯，為鼓勵「走塑」，當局規定連鎖店需為自備飲品杯的客人提供至少 5 元新台幣的折扣優惠。不少人因此習慣自備飲品杯，令即棄膠杯使用量大減。

「走塑」影響甚廣，政府必須持續監察，尤其要確保新措施不會使市民感到不便。同時亦應加強宣傳教育，用寬鬆手法令業界盡快適應，推進「走塑」政策平穩落實。有連鎖快餐店指，「走塑」令成本上升，擬就提供非膠製餐具額外收費兩元。若購買一個 40 元飯盒，兩元餐具費佔了很大比重，將成本轉嫁市民亦很不公道。就此，環保署邀請了餐具供應商解說和示範所有非塑膠產品，表明產品成本不高且耐用，釋除了商家疑慮。另外，目前環保署已委聘香港品質保證局設立綠色餐具平台，提供多個環保餐具供應商和產品資訊。既方便食肆選購，更可貨比三家，選出性價比相宜的餐具，商戶根本無須因「走塑」而加價。

「走塑」議題在香港已討論多年，市民亦普遍了解塑膠垃圾不易分解，且傷害環境和人類健康。普遍市民對減少使用即棄塑膠已有共識，政府在落實政策時，亦應盡量在不擾民的情況下，把「走塑」文化融入市民生活之中。現時香港無論在「走塑」，還是廢物回收、源頭減廢和循環再用等方面，均明顯落後於國際和周邊地區，需急起直追。隨著港府立法規管即棄塑膠產品，社會各界作出配合，成功落實「走塑」措施，為保護地球出一分力。

2024 年 4 月 16 日《東方日報》〈龍七公〉

9.
探索無廢城市　邁向雙碳目標

粵港合作聯席會議第二十四次會議日前在廣州舉行。雙方圍繞「推進粵港合作高質量發展，做實粵港澳大灣區『一點兩地』全新定位」主題進行深入交流，進一步凝聚共識，提出更多務實舉措，攜手推動大灣區建設和粵港合作再上新水平。

多位政界人士表示，粵港兩地更緊密聯繫，攜手推動包括北都、河套區的發展，以及在不同領域合作等，可產生協同和引領效應，推進大灣區高質量發展，助力全面深化改革，使大灣區成為新發展格局的戰略支點、高質量發展的示範地、中國式現代化的引領地。我致力推動本港環保及可持續發展，關注到會議提出「攜手邁向『雙碳』目標，推進無廢灣區建設」作為六大重點工作之一，證明會議十分重視推動資源循環產業，期望整個大灣區的統籌發展能從構建「無廢灣區」的角度出發。

邁向「雙碳」（碳達峰、碳中和）目標是粵港共同的挑戰和機遇。為適應與減緩氣候變化，相關措施將為香港帶來機遇，促進創新科技和新興產業，確保香港的經濟和社會可持續發展。《粵港澳大灣區生態環境保護規劃》明確提出建設「無廢灣區」，探索「無廢城市」區域共建模式。但香港目前仍未有轉廢為能設施，即使兩座籌備中的焚化設施已投入運作，依然未能完全承受每日 15725 公噸送往堆填區的都市固體廢物與建築廢物，估計仍有 6000 多公噸廢物未能處理。

就此，民建聯建議香港與大灣區內地城市共同探討構建綠色環保、循環再造的生態圈，並與大灣區其他城市協作處理都市固體廢物；與大灣區各城市探討共同投資、合作處理都市固體廢物問題，並著力發展電動車電

池回收，汽車、船隻拆卸等可循環再造的產業，服務整個大灣區。除綠色產業，大灣區及廣東省其他城市，都有較充裕的土地和意願，與香港共同發展高新技術產業，政府可設立專班研究相關議題。透過合作，可實現廢物處理和能源回收的雙贏局面，同時減少對環境的負面影響。

在面對氣候暖化方面，世界各地都在努力淘汰化石燃料，氫能被視為具發展潛力的低碳能源之一。按照《氫能策略》，政府將在 2025 年上半年提交修例建議，為規管用作或擬用作燃料的氫氣的生產、儲存、運送、供應及使用等提供法律基礎，並在 2027 年或之前對接國際的氫能標準認證。國家擁有良好的氫能產業發展基礎，並明確將氫能定性為未來國家能源體系的重要組成部分，香港需抓住氫能發展機遇。

港府需大力推進「無廢灣區」建設，加強大灣區內在碳中和方面的合作和交流。氫能發展方面，香港可發揮「背靠祖國、聯通世界」優勢，成為內地氫能技術和產品的示範基地，向海外推展。並探討兩地合作推動跨境氫能車輛標準對接及配套設施，抓緊機遇，邁向 2050 年「雙碳」目標。

2024 年 7 月 16 日《東方日報》〈龍七公〉

10.
日本亂排核污 香港須加強食安把關

日本政府不顧當地民眾和國際社會的強烈反對，確定於今年夏季開始，將儲存在福島第一核電站的核廢水，經稀釋處理後，排放到太平洋，持續30 年。日方近日亦開始向排放核污染水的海底隧道注入海水，為排放做最後準備。此舉無疑對環境及海洋生態，以及人類健康安全造成嚴重威脅。日本政府把核污水的影響轉嫁全球，是自私及可恥的行為。排放的核廢料禍延千年，特區政府及國際社會均表示強烈反對。有人憂慮，日本有可能偷步傾倒核污水。特區政府不能再拖延，應果斷把關，盡快禁止所有來自高風險縣市的水產進口，同時研究增加人手及加強檢測能力，適時公布本港水域及魚類輻射數據，切實保障市民的健康安全。

對於日本排放核污水，環境及生態局局長謝展寰表示，如日方一意孤行，特區政府將加強對日本出口食品進行管制，甚至禁止福島一帶沿岸縣市的水產進口，以保障市民健康。中國駐日本大使館發言人指出，日方至今沒有提供足夠科學和事實依據，解決國際社會對排海方案的正當性、淨化裝置的有效性等憂慮。核污水含有 60 多種放射性元素，且當中很多未經有效處理，放射性物質 10 年後可蔓延至全球海域。促請日方慎之又慎，不要讓福島核事故災害延續。

進食污染水產增患癌風險

日本福島第一核電站在 2011 年發生核洩漏事故，東京電力公司其後用大量海水冷卻熔化的核反應堆。這些污水被放入儲存罐中，多年累積下來，已達 130 多萬噸。與一般核電廠運行的廢水不同，福島核污水直接與核反應芯接觸，含有的放射性物質，不僅種類更多，而且放射性更高。倘若貿然將這些高濃度的核污染物排放到自然環境中，將可能導致一場後果難以預計的生態災難。

在此之上，排放福島核污水出海並非唯一選項。其他可行選項包括注入地層、蒸汽排放、氫氣排放和地下掩埋等，然而日方未認真研究其他方案，出於成本考慮，決意採用直接向太平洋排放這個成本最低的做法，是極度不負責任的行為。

日本政府為使排核污水正當化，多次辯稱核污水經過「處理」後已經安全，可正常飲用，不會造成生態災難云云。美國更是大力支持日本政府的決定。然而事實上，有傳媒報道，上月在福島核電廠港灣內捕獲的海魚，驗出體內放射性元素「銫」超標 180 倍。有專家指出，人類進食這些水產，雖未必即時影響，但持續進食將使放射性元素在體內積聚，增加患癌風險，足見核污水的危險性及嚴重性。

國際社會和日本民眾亦在不同場合提出質疑和反對。日本有民間團體發起「東京行動」抗議；國際社會強烈敦促日方採取負責任行動，稱太平洋不是日本傾倒核污水的下水道。斐濟內政和移民部長一針見血地反問日方若說核污水安全，何不自己留著。有專家在太平洋島國論壇上批評，日本核污水排海計劃在技術上落後，在生態倫理屬不正當。可見不論日方再如何詭辯，都掩蓋不了事實，亦矇騙不了國際社會。

部分日本食品產地未明

值得一提的是，有統計指，截至去年，香港已連續 16 年成為日本食品的最大輸出地區。2022 年本港進口的日本畜牧業產品，佔當地出口量逾 18%，另外本港亦是日本農產及水產的第二大海外市場，進口貨值佔比分別達 14% 及 19%。如日方排放核污水，將對本港部分進口商、分銷商和零售業帶來一定程度的衝擊。另外，部分食肆及超市亦可能會因市民對日本食品的需求減少而受到影響。

隨著日本傾倒核污水如箭在弦，甚至可能偷步傾倒，特區政府不能再等，必須果斷把關。考慮到來自福島一帶的水產已受放射物嚴重污染，特區政府應考慮盡快禁止所有來自高風險縣市的水產進口。同時，政府應增加人手及加強檢測，適時公布本港水域及魚類輻射數據。此外，現時來自福島的「已包裝食品」雖可以進口香港，但未有經過特別檢測，也有食品未清楚標示原產地和材料來源。特區政府必須加強管制，盡快堵塞上述漏洞。多管齊下，切實保障市民的健康安全。

2023 年 6 月 10 日《文匯報》〈文匯論壇〉

發言

1.
《加快香港綠色轉型發展》議案發言

主席，我感謝譚岳衡議員提出《加快香港綠色轉型發展》議案。

這是一項非常重要的議案，因為氣候變化及全球暖化正在影響全球每一個地方、每一個人的今天和未來，所以節能減排、保護環境是全人類的責任。

國家把環保及推動綠色發展列為國家的重要策略。國家「十四五」規劃提出要「推動經濟社會發展全面綠色轉型」，以及在 2030 年達到碳達峰、2060 年實現碳中和。在最近的《二十大報告》中，國家主席習近平提出「推動綠色發展，促進人與自然和諧共生」，又提到要「踐行綠水青山就是金山銀山的理念」，「推進美麗中國建設」。報告中提出四大方面的推進，包括「加快發展方式綠色轉型」、「深入推進環境污染防治」、「提升生態系統多樣性、穩定性、持續性」，以及「積極穩妥推進碳達峰、碳中和」。

國家推動環保，可謂是「講到做到」，成績有目共睹。從數字上看，在 2020 年，美國的人均碳排放為 13.5 噸，是全球平均水平的 3 倍、中國的 1.8 倍；能源消耗方面，中國只是美國的 40%，中國的新能源汽車更佔全球新能源汽車的一半以上。這些都是實際成績。有鑑於此，香港亦應在各方面認真籌謀如何落實措施，以加快香港的綠色發展，助力國家早日實現碳達峰、碳中和。

所以，我對譚岳衡議員提出的 4 點非常認同和支持。他提到要深化香港與粵港澳大灣區其他城市在綠色能源、交通和建築等方面的交流合作，在共建「綠色灣區」的同時，推動建立香港綠色低碳的城市建設營運模式。他亦提到要推動建設粵港澳大灣區統一碳市場，加快推進香港的綠色金融發展。這些倡議與民建聯一直以來的倡議不謀而合，所以我們非常支持。他又提到要培養更多「綠色 +」複合型人才，我相信香港非常需要環境、社會、管治（ESG）人才及綠色科研人才。

劉國勳議員在修正案和剛才的發言中提到，香港的綠色科技及環保工業發展一直面對很多問題，其實主要是跨部門協作問題。環保、科研、工業，究竟由哪個部門主力推動呢？我們一直聽到許多從事回收再造的環保工廠覺得不受重視。昨天，我剛好看到電視新聞報道指，環保園冷冷清清，很多工廠都面對回收量不足的問題。我前兩天亦曾在事務委員會向局長表達意見，指出我們應該更著重扶植香港的環保再造業。雖然扶植環保再造業需要土地，事實上，我們的環保園並非缺乏土地。另外，我們要重新思考香港的廢物是否應該全部留在本地處理。現時，本港回收的鉛酸電池出口量達 80%，但我們是否應該把它們全部留在香港處理呢？如果政府不重視香港的回收再造業，不能做到本地使用、本地製造、轉廢為能為材的話，這些工業將無法發展。

主席，我真的十分期望政府認真研究今天各位立法會議員提出的建議，加快香港綠色發展，如期在 2050 年實現碳中和。

主席，我謹此陳辭。

2022 年 11 月 3 日

2.
《促進綠色運輸發展》議案發言

主席，首先我感謝陳紹雄議員提出這項議案，讓大家可以就香港綠色運輸發展進行討論。

大家都知道，要應對全球暖化和氣候變化，全球都必須盡力節能減排，而綠色運輸就是節能減排非常關鍵的一部分。在我們提出這項議案時，內地和世界多個地方都已經很積極地發展綠色交通。剛才陳紹雄議員已提出眾多例子，我在此不再重複。

且讓我談談內地的例子。鄰近的廣東省佛山市在 2016 年已經設有全國首條氫能電池公交路線，至今為止已有超過 1000 輛氫能電池公交車。另外，當地在 2023 年至 2025 年的 3 年間將會動用 5700 萬人民幣資助補貼氫能和純電動貨車，補貼額其實頗高，每輛氫能電池車每年的補貼額是 75000 人民幣至 115000 人民幣，電池車每年最高可獲 3 萬人民幣補貼。這種補貼對於推動新能源運輸有非常大的作用。全國也十分努力發展新能源運輸，目的是達到節能減排。

我們看到，深圳所有巴士都採用電動車，而天津亦會於 2025 年設置 4 萬支充電樁，亦資助貨車轉用氫能電池車。我們亦看到，外國已推出鼓勵措施，例如英國近日將巴士車費上限定為 2 英鎊，鼓勵市民減少使用私家車，多用公共交通工具。這全都是各地政府大力推動綠色運輸的措施。

我對原議案作出了數項修正，我想在此略作解釋。第一，我希望政府發展一套全面的綠色運輸計劃，並加強不同政府部門之間的協作和分工。一談到綠色運輸，我們都會有政出多門的感覺，包括涉及環境及生態局、運輸及物流局，甚至是發展局、房屋署等。很多時候，當有綠色運輸企業想商討時，其實都不知道應聯絡哪個政府部門。

大家都知道，要在2050年達到碳中和，便要在綠色運輸方面多下工夫。除需要綠色的技術外，亦要有足夠配套，以及與時並進的法規，更需要政府政策的支援和補貼。凡此種種，都不能單靠環境及生態局便能成事，各政府部門必須以「綠色運輸達到2050年碳中和」作為最高目標，整個政府才可以一同努力推動，否則會經常遇到剛才兩位議員所提及的問題：即使氫能巴士兩年前已運抵香港，但至今仍然無法「落地」、無法行駛、無法試用。

此外，正如我剛才所說，其他地方都已經全面使用新能源運輸，但香港處於甚麼階段呢？我們仍在推動試驗，反觀其他地方已經全面落實，正在使用，我們卻仍在試驗當中。大家認為是否太緩慢呢？我認為實在是非常緩

慢。所以，我們希望可以推動政府加快步伐和進度。

此外，我亦希望提醒大家不要遺漏了空運。空中運輸和海上運輸同樣需要新能源。如果當局不積極推動航空業採用可持續航空燃油，不鼓勵機管局做好工作，那麼當內地的飛機全都使用可持續航空燃油時，飛抵香港後便無法補充燃料，屆時便無法維持香港作為國際航空樞紐的地位。

所謂「牽一髮，動全身」。無論海、空、陸，我們都需要做好新能源運輸的準備。我希望這項議案可以推動政府加快進度及步伐，讓香港真的可以在 2050 年達到碳中和。

主席，我謹此陳辭。

2023 年 1 月 11 日

3.
《協助中小企發展 ESG》演講稿

相信大家都知道 ESG 代表環境、社會和管治。它不僅關注企業的經濟效益，還關注企業對環境、社會和治理的影響。它是一種衡量企業在可持續發展表現的重要指標，也是企業實現可持續發展的基礎。

環境是 ESG 的第一個元素。隨著全球氣候變化問題日益嚴重，為應對氣候變化，許多國家實施了《巴黎協定》等國際法規，促使企業減少碳排放。各國政府、企業和社會亦愈來愈關注環境保護。在香港，政府和監管機構也積極推動 ESG 的實踐，例如，香港交易所已經推出了《環境、社會及管治報告守則》，政府在環境保護方面也有一系列的法規和政策，例如節能減排、廢棄物管理等。這些法規和政策對企業的環境責任提出了明確要求和指引，同時亦為企業實現 ESG 目標提供支持。

香港中小型企業佔全港企業總數 98%以上，私營企業的員工中有超過 40%來自中小企。因此中小企在環境保護方面的作用也不容忽視。許多中小企的業務涉及到環境保護，如水和空氣污染控制、廢物管理和資源回收利用等。在這方面，中小企需要承擔更多責任，因為它們可能會對社區和環境產生直接影響。同時，中小企也需要考慮如何在環保方面做到可持續，以確保長期發展。中小企可以通過改進生產過程，提高能源效率、節約能源。透過使用可再生能源、減少碳排放、減少廢棄物和污染，降低對環境的影響。此外，開發綠色產品和綠色技術也會為中小企帶來新商機。

中小企更可考慮採取以下措施，包括實施環境管理系統，以識別和管理環境風險，並確保企業符合相關法規和標準；採用環保技術和材料，減少對環境的影響；推廣環保意識，培訓員工和合作夥伴，確保公司環境責任得到落實；支持環保組織和項目，參與社區環保活動，提高公司的社會責任感。

實現 ESG 的環境目標可能需要一些額外的投資和努力，但可以為企業帶來長期利益。例如，通過減少能源消耗和排放，企業可以節省成本，提高效率，並為環境做出貢獻，有利企業的長遠發展。

除了環境，社會和治理是 ESG 其餘兩個元素。ESG 的社會和治理部分主要涉及企業對社會的責任和治理。對中小企來說，實現 ESG 的社會和治理目標可以幫助建立良好的聲譽和品牌形象，增強客戶和投資者的信心，提高市場競爭力。

在社會方面，中小企需要關注員工福利、推行多元化和平等機會，提

高社區福祉等。企業應確保員工享有恰當的工資、安全的工作環境和不受歧視的待遇。此外，企業還應積極參與社區發展和公益事業，以提高企業的社會責任感。中小企可以通過與地區政府、非政府組織和其他企業合作，共同為社區創造更好的生活條件。

在治理方面，良好的企業管治是可持續發展的基石。企業應建立透明、負責任和公平的治理體系。對於中小企來說，這意味要確保企業經營的合法性、遵守法規和道德操守，並與利益方保持良好溝通。此外，中小企應該注重培養高效、誠信的領導團隊，以推動企業在各個方面達到卓越表現。

此外，政府也通過一系列的法規和政策來保障員工權益和企業治理。例如，《公司條例》規定了公司的組織和運作要求，保障了股東權益和公司治理的透明度。此外，政府還實施了一系列的勞工法規和政策，例如最低工資、工時限制、勞工安全等，保障了員工權益和工作環境。這些法規和政策可以幫助企業建立良好的企業文化，提高員工滿意度和忠誠度，同時也可以為企業建立良好的社會形象，吸引更多客戶和投資者。

另外，從生意角度看，如中小企能盡早實踐 ESG，將會提升公司的認知度，引起大機構的關注和興趣。大機構在尋找合作夥伴和供應商時，會更傾向於選擇有良好 ESG 表現的企業。中小企如果能夠主動實踐 ESG，可以提高企業的信譽和聲譽，增加大機構的信心，就可以更容易地與大機構建立聯繫，更容易地獲得大機構的認可和合作，爭取更多生意機會。

但我們知道在實踐 ESG 時，很多中小企因欠缺資源和沒有足夠誘因，未能積極參與。因此，大機構的支持和鼓勵對中小企是十分重要。大機構可以透過一些優惠，或者可以在招標文件中加入 ESG 考慮因素，鼓勵更多中小企盡快推行 ESG，齊齊邁向可持續發展的道路。這也正是 ESG 公會正在推行的其中一項工作，利用「大手牽小手」模式，與各大機構合作，令更多中小企有機會參與 ESG，帶動整體 ESG 發展。

最後，再次多謝 ESG 公會，為中小企提供一個低成本，容易執行，並且可以通過客觀審計的 ESG 基準系統，令每一間中小企都可以踏出 ESG 的第一步。同時，期望 ESG 公會內的每一位委員、顧問，每一間合作機構，ESG 公會的會員公司，秘書處各員工，義務參與者等等繼續努力，實現 ESG 目標，為企業和社會的可持續發展作出貢獻。

2023 年 7 月 10 日
「中小企發掘新機遇，ESG 升級轉型與世界接軌」論壇
《協助中小企發展 ESG》演講稿

4.

《全面推動香港氫能源產業發展》議案發言

多謝代理主席。首先，感謝李浩然議員提出這項重要的議案，我支持議案和所有議員提出的修正案。

國家已訂下很明確的目標，在 2030 年達到碳達峰及 2060 年達到碳中和，而香港也正邁向 2050 年碳中和的目標。然而，香港最大的碳排放來源是發電和運輸。環顧全世界，現時發展新能源的焦點都在氫能源，國家在 2020 年發布了《氫能產業發展中長期規劃》。不論是新加坡、英國還是其他先進國家，其實都有氫能源戰略，南韓也訂定了有關氫能源的法規。

國家其實很早便開始推動氫能源，在 2016 年，佛山已開通全國第一條氫能源巴士示範路線。發展至今，佛山市全面實現新能源公交。其中有超過 1000 輛公交車使用氫能源，佔 15%。佛山也是國內首個大規模使用氫能源公交車的城市。之後，國內不同城市也會陸陸續續發展氫能源公交和重型車輛。

參考佛山的經驗，純電動車的充電較慢、損耗較大，續航力亦受限制。相反，氫能源公交車充氣很快，續航力亦比純電動車長，更可適應不同的氣候環境。

在安全性方面，氫燃料電池公交車將氫能源儲存在車頂，有預防撞擊、防止高溫和高壓等防爆安全裝置。另外，公交車不會排放二氧化碳。同時，佛山也不單只發展氫能源公交，它在科研方面也作出配合，在 2019 年成立仙湖實驗室，聚焦氫能源等新能源的研發。也有一系列的補貼和優惠政策，以推動研發氫能源和使用氫燃料電池車。

反觀香港，政府缺乏前瞻性，必須急起直追。我留意到政府昨天公布氫能源跨部門工作小組已召開會議，同意及批准了 3 項氫燃料試驗項目的

申請，包括巴士公司在廠房加設充電站，以及香港中華煤氣有限公司在大埔的煤氣廠設置供氫設施等。就此，我向企業查詢，它們回覆指已獲批准興建有關設置，但卻未有法規支持。那究竟現時可否興建呢？它們就決定先做好準備，再等當局制定法規。

查看政府的說法，當局會聘請顧問公司進行風險評估及分析有關供氫、加氫等的設備，並會訂立相關法律框架。但問題是，局長需要處理此事多久呢？其實，香港一直面對充電地方不足、充電椿不足問題。即使有充電地方，也有電力不足的問題。其實，氫能源不單可用於運輸，也可用於不同方面。日本有酒店全面使用氫能發電。而現在，中環亦有一座興建中的商業大廈將會使用氫能和其他能源發電，既可增加電力來源，也有助減低電費開支。

氫能源政策非常重要，我很希望政府能夠盡快制訂氫能源產業的整體政策和發展規劃，讓香港可以邁向可持續的高質量發展。

代理主席，我謹此陳辭。

2023 年 3 月 29 日

5.

《輸入內地電力，平抑香港電費》議案發言

代理主席，感謝陸頌雄議員提出《輸入內地電力，平抑香港電費》議案。

電費愈來愈貴，今年中電和港燈的電費按年分別增加 20%和 45%，市民的生活百上加斤。政府有責任確保電力供應安全、穩定、可靠及可負擔，令電費維持在每個市民可以承擔的水平。

民建聯在議會內外，多次提出政府必須加大輸入內地零碳電力，以穩定電價，所以我們原則上支持原議案及李浩然議員提出的修正案。

我們認為政府應檢討《管制計劃協議》（下稱《協議》）的准許回報。國際燃料價格近年不斷上漲，但兩電將燃料成本完全轉嫁給市民，再賺盡 8%的准許回報，市民認為很不公道。

我們認為應降低兩電的准許利潤，並要求兩電從准許利潤中，撥出部分款項。款項可在燃料價格急速上升時使用，以紓緩加價幅度及壓力。

我們亦認為應該取消《協議》下「恢復供電」的獎勵機制。早前港燈供電系統出現設備故障，導致港島多區電力中斷 48 分鐘。但是，根據現有協議，港燈於停電後 65 分鐘內恢復供電，還可獲得額外 0.015%的准許利潤。做錯事竟然還有獎勵。

提供穩定供電是電力公司的責任，發生事故亦應盡快盡力修復，否則應受懲罰。當局應展現施政作風，不止取消獎勵，更要增加停電的罰則。

我們亦認為應該調整供電可靠性的獎罰機制。一旦發生停電事故，除了影響計算恢復供電指標，還影響供電可靠性。此指標以電力中斷時間計算，如年內平均可靠度高或相等於 99.996%，亦可獲得額外 0.015%的准許利潤。由於機制不計入單一事故，基本上只有獎，沒有罰，所以必須調整

可靠度的百分比。

民建聯一向主張引入內地零碳能源，包括核電，以促進電力去碳，加速能源轉型，以達至 2050 年實現碳中和的目標。現在內地南方電網已致力建設綠色、清潔、高效的大灣區現代化電網。大灣區的供電可靠度亦很高，當中珠海的可靠度已經達到 99.99%。

政府將於將軍澳第 132 區設置具重要策略性的電力設施，可以提升香港通過區域合作輸入內地零碳能源的能力。

早前局長表示，希望長遠將目前本港能源組合中的三成核電增至六成。考慮到國際政治和能源市場的形勢，為了穩定電價，我們認為這個發展方向是必要的。

過去社會對增加核電比例有不少疑慮，但過去數年煤炭和天然氣價格波動導致電費上升，我相信市民對使用核電會持更開放的態度。所以，我們認為政府應認真謀劃，並交代增加核電比例的計劃及細節，並要多加解說，爭取社會支持，以利落實推動。

我們對「開放電力市場並引入競爭」持開放態度。民建聯認為需要就如何開放及實際利弊進行詳細研究。開放的前提是為市民提供安全、清潔、穩定和收費合理的電力供應。所以，政府在研究開放市場時，必須確保開放之後，不會導致價格因市場力量被濫用而大幅波動。

對於林筱魯議員提出的修正案，我非常認同要開放電力市場及增加輸入內地零碳電力。在輸入的同時，必須力求不影響電力供應的可靠性及安全性，以及兩電在環保方面的表現。然而，修正案刪除了原議案中「降低兩電的准許利潤」的提述。民建聯一直清晰要求「降低兩電的准許利潤」，所以我們會投反對票。

代理主席，我謹此陳辭。

2023 年 6 月 14 日

新聞稿

1.
完善充電配套，推動電動的士及綠色運輸記者會

為達到 2035 年停止新登記燃油車、2050 年碳中和的願景，政府近年積極推動新能源運輸。立法會議員葛珮帆及陳恒鑌，連同觀塘區議會主席柯創盛、香港的士業議會主席黃卓邦、副主席吳坤成、理事鄭敏怡、幹事王漢榮於今日召開記者會，促請政府完善充電配套，推動電動的士及綠色運輸。

陳恒鑌提到新一份《施政報告》透露，將會在 2027 年年底前投入約 700 輛電動巴士，以及約 3000 輛電動的士。《財政預算案》公布會為的士業界提供百分百擔保的貸款計劃，以鼓勵車主換車。然而本港，尤其鄉郊地區的充電設施不足，不少用戶要「爭位」充電，需花費較長時間等候。充電時間冗長，降低不少用戶的換車意願，成為推廣電動的士及電動車的阻礙。

葛珮帆指出，交通運輸為香港第二大碳排放源。充電設施不足，的士業界因為難以充電，怕影響生計，而不願轉用綠色能源的士。她表示過去 5 年，充電樁的增幅遠遠落後於電動車的增長。電動私家車去年按年增 7 成，同期充電樁數目僅增約 16%。快速充電樁少且增幅緩慢，4 年僅增 500 個，截至去年底，全港不足 1000 個。她指出，加設充電樁面對電力供應不平衡、電網不能負荷的難題。另外，申請增建充電樁的程序亦十分繁複耗時，她期望政府加強跨部門協作，盡快提供申請建設充電樁設施的一站式服務，加快處理加裝充電樁的程序。

陳恒鑌補充指，電動車政策涉及土地、電力、汽車登記及審批等範疇，橫跨多個政策局。政府需進一步加強跨部門協作，以完善公交充電的安排。他亦注意到，有商業公司在新界物色大量土地設立充電站，協助公共交通工具轉型，惟土地申請及審批程序進度緩慢。他指出，本港電動的士或公交發

展緩慢，其中最主要的限制之一是充電配套的因素，並強調政府的政策支援對推廣電動車或的士十分重要。他期望政府拆牆鬆綁，提供更多政策支援。

柯創盛表示，要督促政府做好相關補助配套，配合具指標性和方向性的政策，令政策的落實不再怠慢。柯創盛身兼環保署新能源運輸基金審批委員會會員，他表示很多業界指出，在填表、等待審批、獲得撥款等都有困難，希望政策可以更加便利業界。

的士業界代表均表示喜見政府有推動的士電動化的意向。若果能將的士全面電動化，除了更環保和更能維護成本外，舒適度、安全性都會有所提升。為普及電動的士，政府需引入合適的車型；提供資助和誘因，減輕車主的經濟負擔；在就近市區的地點設置充電樁，落實安裝充電樁的時間表。業

界建議政府提供資助，並提供時間表及路線圖，推動車主更換電動的士。亦希望政府會拆牆鬆綁，支援的士電動化。

議員們及的士業界代表總結記者會中提及的建議：

1. 加強跨部門協作，盡快完善配套，提供一站式服務平台，加快處理有關程序；

2. 政府提供更多政策支援，推出多項清晰措施，如引入更多合適車型、提供資助等；

3. 解決充電設施的電力供應問題；

4. 研究引入流動充電車，提供可流動的充電節點，在不同時間滿足不同地區的士的充電需求，短期內助解決充電設施不足的問題。

2023 年 5 月 15 日
「完善充電配套，推動電動的士及綠色運輸記者會」新聞稿

2.
歡迎《香港氫能發展策略》冀抓緊機遇加速實現香港低碳轉型

環境及生態局今日發表《香港氫能發展策略》，提出通過多項策略，幫助香港突破法規標準、技術發展及應用、人才培訓等瓶頸，讓香港可及時把握氫能在生產及應用技術方面的發展，大力發展氫能經濟。

民建聯環境事務發言人、立法會議員葛珮帆多年來一直推動本港新能源及氫能發展，對《香港氫能發展策略》表示歡迎。葛珮帆支持政府提出「完善法規」、「制訂標準」、「配合市場」以及「審慎推進」四大策略，以推動氫能發展。她期望能加速香港低碳轉型及新質生產力的發展。她認為香港發展氫能機遇無限，在交通運輸、移動機械及低碳發電方面等領域有顯著潛力。除了本地應用之外，香港作為國家的「超級聯繫人」，亦可以同時推動與各大灣區城市合作，共同研究及推廣氫能產業，拓展「一帶一路」市場。

葛珮帆提到，今日出席《香港氫能發展策略》發表會時，亦參觀了將

於下半年作為試點投入服務的氫燃料電池洗街車。她指出，車輛加氫的速度快，只需數分鐘時間便能完成，且不用負載大量電池，車身較輕，行走時更能達至零排放，非常環保。葛珮帆又指出，過往在法例下，氫氣屬危險品，導致氫能巴士及車輛未能通過行車隧道。而今日政府正式公布，合規的氫燃料電池車可以在隧道行駛，對推動本地氫能發展絕對是一大突破。她期望政府的其他公務車，例如垃圾車等，亦能逐步轉用氫燃料電池車，進一步邁向 2050 碳中和的目標。

2024 年 6 月 17 日
「歡迎《香港氫能發展策略》 冀抓緊機遇加速實現香港低碳轉型」新聞稿

3.
環境事務委員會訪問團成果豐碩
倡完善充電配套，
加強宣傳轉廢為能設施

立法會環境事務委員會早前往大灣區內地城市進行職務訪問，訪問團成員包括立法會議員葛珮帆、易志明、盧偉國、陳沛良、林筱魯，及由環境及生態局局長謝展寰帶領的環境及生態局代表。葛珮帆、易志明、盧偉國、陳沛良和林筱魯今日召開記者會，報告是次職務訪問的內容和得著。

訪問於本月 7 至 9 日舉行。行程包括聚焦環境保護及提升對新能源的認知，並與廣東省生態環境廳會面，交流粵港澳三地生態環境保護機制等。

葛珮帆表示訪問團成果豐碩。這次訪問不只加深對內地廣東省生態環境廳工作的了解和交流，亦與局方就不同的議題有深入的溝通，將對事務委員會未來的工作，包括推動相關政策、對市民的推廣，及與政府商討落實執行細節都大有幫助。內地城市推動綠色設施的經驗對香港有參考價值。

葛珮帆提到，訪問團與廣東省生態環境廳會面期間，就推進建立「無廢灣區」、粵港大氣污染防治等議題進行討論。她認為在未來灣區發展上，雙方必須更緊密地合作，並探討「協同治理」和「能力共享」。她亦提到是次行程參觀南海氫能館。「氫能進萬家」項目利用天然氣重整製氫，可以減少 50%碳排放及 45%能源費用，能作為香港的中期參考。建議政府利用本港煤氣製氫，盡早設計氫能整體運輸布局。

另外，考察團亦參觀了華為數字能源安托山基地，園區建築物利用「光儲直柔」技術，每年節省 51%耗電量，碳排放量減少 63%。園區建築物也在大廈外牆安裝光伏儲能幕牆，建議香港未來的綠色建築參考。同時基地亦設有液冷超級快速充電站，輸出功率達 600kW，電動車只需 10 分鐘便可完成充電。葛珮帆相信香港電動車未來發展快速，期望政府可建設更多快速充

電站，並研究引入超充技術。

葛珮帆又表示，深圳已實現「零廢堆填」，南山能源生態園垃圾焚燒發電廠每日可處理 2300 公噸的生活垃圾。因完全無污染及臭味，更已發展成為旅遊熱點，加上將提供更多生活設施，例如暖水泳池等，令居民轉為支持。反映香港在社區興建焚化爐並非不可行，政府應大力宣傳推廣。

2023 年 8 月 18 日
「環境事務委員會訪問團成果豐碩
倡完善充電配套，加強宣傳轉廢為能設施」新聞稿

4.「電動車電池回收與自願回收計劃發展」行業研討會

為應對全球氣候變化，世界各地均推動綠色運輸替代傳統燃油車，以減低碳排放及空氣污染。特區政府近年亦大力推動本港綠色新能源運輸發展，致力達到 2050 碳中和願景。香港電器及電子設備回收協會（下稱「協會」）於今日舉辦了一場行業研討會，邀請立法會議員兼環境事務委員會主席葛珮帆、政府部門及業界代表出席，旨在推動電動車電池回收與自願回收計劃的發展，並促進各相關利益者之間的交流與合作。

協會代表提到，環保署及商界環保協會於 6 月舉行的持份者諮詢活動中，廣泛收集了各方意見。政府傾向推動業界自行處理電動車電池回收，這將使業界更能緊貼市場變化，創造更多商機，同時帶來更大的成本效益，有望降低成本。然而，面對重重困難，各利益相關者，包括品牌商、入口商、分銷商、維修公司、拆車場、回收公司、處理廠和車主等，都持有不同立場。根據「四電一腦」生產者責任制的經驗，協會非常支持由業界自行處理。另外，協會及業界亦指出，有人會以非法出口來規避處理責任或從中獲得最大商業利益，這將成為電動車電池回收與自願回收計劃面臨的一大挑戰，促請政府加大打擊力度。

葛珮帆指出，要廣泛推廣電動車普及，處理廢鋰電池是最具挑戰的問題之一。她提到本港的廢鋰電池應該在本地處理，這不但能為本地環保業界帶來商機，更能降低電池運輸所造成的碳排放。然而目前香港尚未有相應的回收處理設施，認為政府應該提供支援。此外，廢鋰電池亦同時面臨無法出口的問題。葛珮帆指有業界聲音表示，廢鋰電池的化學物質有機會導致電氣火災，而且極難撲滅，導致部分船公司不願意運送。

葛珮帆亦提到政府現正為環保園兩地段招標，希望建設本地電池回收設施，確保退役電池可在本港收集及處理。惟估計若最快明年初招標及批出合約，回收廠要到 2026 年底或 2027 年初才能開始運作。期間本港囤積的電動車廢電池將難以處理。她提到內地伴隨電動車行業的迅速發展，電池回收的技術和產業都相當成熟，有關回收設施亦有剩餘處理能力。作為短期的權宜之策，香港可以與大灣區內地城市探討短期共享回收處理設施剩餘用量的可能性。葛珮帆及協會均表示支持本地處理，以減少碳排放，實現更環保的目標。

環境保護署非常重視此次研討會，兩位負責的主要官員也出席了本次活動。與會人士包括電動車品牌商、進口及銷售商協會、維修保養機構、消費者、車主代表以及回收行業代表，共同就電動車電池回收與自願回收計劃進行了深入的研討與交流。

本次研討會為各持份者提供了一個寶貴的平台，促進了行業內的合作與創新。通過共同努力，將為推動電動車電池回收與自願回收計劃的可持續發展作出積極貢獻，助力構建更環保和可持續的未來。

2023 年 11 月 9 日

「『電動車電池回收與自願回收計劃發展』行業研討會」新聞稿

5.
混凝土廠濫用司法程序促請局方修改《空氣污染管制條例》

位於油塘東源街 20 及 22 號，由中國混凝土有限公司營運的混凝土廠，早在 2021 年 4 月和 2022 年 4 月分別被環保署拒絕續牌。其後東源街 22 號混凝土廠就被拒續牌和上訴被駁回提出司法覆核，早前亦已被法院駁回，而東源道 20 號混凝土廠的續牌上訴亦於 2023 年 11 月被駁回。立法會議員葛珮帆與環保署署長及三位環保署人員組成視察隊伍，今早實地視察上述混凝土廠。逗留大概一小時後，仍然目擊到廠房有田螺車出入，懷疑廠房仍如常運作。

署方解釋，自上訴委員會駁回東源街 22 號混凝土廠續牌申請的上訴後，署方已向東源道 22 號混凝土廠提出多宗刑事檢控，並申請臨時禁制令，要求即時停止運作。署方亦已在混凝土廠周邊適當地點安裝閉路電視、監察系統和空氣監測系統，協助執法。混凝土廠卻一直表示無須領取相關牌照營運，並指根據《空氣污染管制條例》附表列明，只有總筒倉容量超過 50 公噸的水泥工程才需領取相關牌照。

葛珮帆認為，混凝土廠違規被罰、提出司法覆核後被駁回、繼續無牌營業的情況，反映混凝土廠濫用司法程序，亦揭示現行法例的漏洞及監管力度不足。當局除了要加強打擊混凝土廠違規經營，繼續根據《空氣污染管制條例》賦予的職權嚴厲執法，嚴肅跟進油塘區內所有混凝土廠的違規行為外，同時亦要檢視現時法例存在漏洞。她建議局方著手修改《空氣污染管制條例》，處理總筒倉容量超過 50 公噸的法律漏洞。並釐清不只筒倉連接在地上，其他如駁船及英泥車等儲存水泥的容器亦應計入筒倉容量。她亦建議加大執法權力，封閉違規處所，讓部門未來能夠更快速和有效地處理類似情況，還居民清新的空氣。

2023 年 12 月 1 日
「混凝土廠濫用司法程序促請局方修改《空氣污染管制條例》」新聞稿

6.
到深圳考察比亞迪及坪山「雲巴」

繼上星期到前海考察，今天多位立法會議員，包括葛珮帆、陳克勤、陳恒鑌、劉國勳、林琳、顏汶羽、黃俊碩，到深圳考察「雲巴」及到比亞迪總部參觀，進一步了解新能源汽車的發展。

第一站首先到深圳坪山區試乘電動「雲巴」。當地人把「雲巴」稱為「天上的巴士」，雲巴是比亞迪用了 7 年時間，投資 100 億人民幣自主研發，具有 100% 自主知識產權的綠色智能低運量的運輸系統。最高運行速度可達 80 公里 / 小時，由動力電池供電，最小轉彎半徑僅為 15 米，十分寧靜及方便。高架系統及車身都比較細小，可深入社區。雲巴使用最高等級無人駕駛，爬坡能力強，最大坡度可達 12%，可以適應各種複雜的地形。這似乎很適合香港樓宇密集、上山路多的特殊環境，香港也可以研究使用。使用電子車票或人面識別系統入閘，站台無人化亦可以降低人力成本。

中國第一條雲巴線於 2020 年在重慶開通。深圳坪山雲巴 1 號線由籌備到建成使用，只用了兩年時間，建築費用每公里成本不到 1 億人民幣。對比大城市地下鐵路每公里成本 10 億人民幣，只是 1 / 10 的價錢。設計及建造時間短、造價比較低，政府可以研究一下，在香港使用是否也更合乎經濟效益。

比亞迪由生產電池起家到生產電動車，員工已經超過 65 萬人，科研團隊也超過 7 萬人。比亞迪尤其著重自主研發，每日都產出新的專利項目。電動車銷量已是全球第一，絕對是中國人的驕傲。他們也實地參觀了針刺電池的實驗，比亞迪自主研發的刀片電池比傳統電池更安全。總部亦展示了多輛即將推出市場的新型電動車及電動巴士，他們表示希望能快些引進香港。

2023 年 3 月 1 日
「到深圳考察比亞迪及坪山『雲巴』」新聞稿

7.
到珠海考察新能源公交

由三位來自不同專業背景的選委會界別立法會議員，包括創科界葛珮帆、工程師陳紹雄、及城市規劃師林筱魯，聯同幾位資深工程師及科技專家成立的智慧生活促進組到珠海考察新能源公共交通，了解電動巴士及氫能巴士的最新發展及運作情況。

議員們首站到了金灣區湖心路口汽車客運總站參觀巴士充電設施。這個位於金灣立交旁的總站於 2016 年啟用，是珠海東西部公共運輸交匯換乘大站之一。車站配有電動公交充電站，有 44 個快速充電樁位，可以讓不同車廠製造的巴士同時充電。由於全是電巴，客運站比香港的巴士總站，沒有廢氣及噪音問題。

充電站更可以為配備 4 個充電接口的 18 米車身巴士以 4 支「充電槍」同時充電，大大加快充電過程。眼看巴士「埋站」後，司機只需一兩分鐘，完成幾個簡易步驟就可啟動充電程序。巴士充電後，可以行走 100 公里左右。因巴士是定點、定時及固定里程，加上鈦酸鋰電池能快速充電，可為巴士配置適當的電池電量，以滿足全天候營運。18 米車只需 15 分鐘充電，在珠海正常路況下，一般往返總站的車程並不需要充滿電池。

今次行程亦到訪了格力鈦新能源公司，考察格力鈦自主研發、擁有專利的鈦酸鋰電池技術，及在珠海營運鈦酸鋰電池巴士的經驗。鈦酸鋰電池價錢比其他主流電動車電池略貴，但優點是充電非常快及耐溫（在零下 50 度至 60 度的環境下仍能運作），即使循環使用，壽命亦可達 30 年，比其他電池更安全及高效。在格力鈦的測試中心裏，議員們親歷電池試驗過程。電池即使受到針刺或切割等干擾，仍非常安全。格力鈦的鈦酸鋰電池巴士在北京、哈爾濱、珠海等多個城市已經投入運行，三位議員認為香港政府也應研究引入的可行性。

格力鈦以生產公用車為主，表示樂意為香港度身訂造合適的公用車。三位議員今次亦試乘了格力鈦為香港製造的鈦酸鋰電池 19 座位電動小巴。小巴分別可以在車頂及車身充電，車廂內部很寬敞，行車寧靜及穩定。本星期將運到香港進行實地測試。

葛珮帆認為今次考察，讓她對內地新能源公交發展有更深入的了解，對她在議會裏繼續推動香港新能源運輸的多元發展有積極作用。她指出，雖然近年電動私家車數量增加了，但電動公交發展一直都停留在研究及測試的狀態，未有全面落實。而內地新能源運輸發展則一日千里，電動車生產銷售在 2022 年排名世界第二。2011 年全面推行電動公交，近年多個城市更已經開始使用氫能公交。香港要在 2050 年達致碳中和，在新能源運輸方面必須急起直追。

陳紹雄表示今次考察對內地城市，尤其是珠海市，推動電動車發展政策有進一步了解。十多年來，內地政府為鼓勵駕駛者購置電動車，一直提供補助和稅務優惠等措施。雖然特區政府也採用類似經濟誘因政策，但光靠資助是不足夠的。珠海市意識到，缺乏充電基礎設施是推動電動車普及化的障礙之一，去年出台了《珠海市充電基礎設施建設實施方案（2022–2025 年）》，以「適度超前、車樁相隨、智能高效」為原則，加強充電基礎設施的統籌和規劃。方案目標是持續優化車樁比例，提高居民電動汽車的充電便利度，到 2025 年底，將建成 1181 座公用充電站點，約共 4.67 萬台各類型充電樁。在考察期間，他看到市區沿途有不少路邊充電樁，這是值得香港借鏡的。此外，除了看到全市運行的公交車大部分都是電動化之外，也看見不少其他電動商用車在路上行走，包括環衛車（即垃圾車）、中小型貨車等。內地的車廠已經生產不同類型的電動商用車，可供香港參考選購。

林筱魯以珠海市所見為例，認為內地城市在推動電動車方面做到政策全方位到位。就電動車生產、充電樁配置、公共交通電動化等範疇，都有目標明確的政策扶持和推動，政府的綜合執行能力強。香港必須盡快制訂整體行動計劃，制訂新的城市管理及屋宇建設標準，以北部都會區及中部水域填海作起步點，將香港塑造為 21 世紀碳中和城市的典範。

2023 年 3 月 6 日
「到珠海考察新能源公交」新聞稿

8.
民建聯到惠州考察轉廢為能設施

立法會議員葛珮帆、周浩鼎、顏汶羽、梁熙、屯門區議員賴嘉汶、屯門支部主席巫成鋒、屯門支部副主席曾憲康、鍾健峰以及民建聯多位社區幹事於 18 日到惠州考察轉廢為能設施。

葛珮帆表示，廢物處理及堆填區問題長期困擾香港。政府早前表示將會在香港興建兩所轉廢為能設施，其中一處選址屯門龍鼓灘，引起居民不滿和困擾。有見及此，是次考察甚有參考作用。

香港首座焚化爐 I · PARK1（石鼓洲焚化爐）將於 2025 年投入服務，每日可處理 3000 公噸都市固體廢物。惟香港每日產生大約 16000 公噸廢物，當中都市固體廢物佔大約 12000 公噸，為廢物處理帶來巨大挑戰。

她指出透過這次考察，了解到內地的轉廢為能設施，在技術、營運、項目設計及造價方面都值得香港借鏡。是次考察的廢物焚化設施，在技術上已做到全焚化，只有少於 3%的灰燼需要堆填。而且煙氣處理和廢氣排放，亦達到並優於國際及歐盟的標準。園區內多間轉廢為能設施，技術成熟，園內亦設有「三合一」（餐廚、污泥、糞便）綜合處理廠和教育中心。她續指，園區在營運方面的設施設計亦非常獨特，採用客家風格建築，外形美觀，完全不察覺是廢物焚化設施。在造價方面，兩個處理 2000 公噸的廢物的焚化爐，約為 16 億人民幣，造價遠低於香港石鼓洲焚化爐（180 億元），及 T · PARK（50 億元）。

葛珮帆指出，本港焚化爐第一期和計劃中的第二期，分別只可以處理約 3000 和 4000 公噸廢物，仍有不少廢物需要堆填處理，情況不理想。內地的轉廢為能設施的發展一日千里，值得香港參考。她建議政府可多到內地考察、了解處理廢物的先進技術，為香港爭取以最低成本，最佳的營運模式，來處理都市廢物。

周浩鼎認為，轉廢為能是社會認同的環保方針。然而在屯門曾咀一帶設置新的焚化設施，特區政府有必要參考內地模式。目前惠州的焚化設施，採用比歐洲更嚴謹的排放標準。內地已把焚化設施，成功轉化為受歡迎的旅遊景點。周浩鼎促政府當局參照內地的模式，採用最嚴謹的標準，改變厭惡性質，釋除居民對影響居住環境的憂慮。

周浩鼎也指出，惠州的焚化設施把產生出來的 15%電力作自用，其餘 85%則輸出電網，供居民使用。周浩鼎認為當局有必要參考，把焚化設施產生的電力供給該區居民免費或以優惠方式使用，讓居民直接受惠。

周浩鼎同時也補充，政府打算於屯門曾咀及北部都會區建設兩個焚化設施。北部都會區未來是經濟發展的重要地域，當局更加有責任消除新焚化設施的厭惡性，確保不會對該區的經濟發展構成負面影響。

顏汶羽表示，園區已列為國家 AAA 級生活轉廢為能設施，令原來厭惡性的設施不單為市區增值，更減少對市民帶來負面影響。他以觀塘為例子，污水處理廠過去亦是厭惡性設施，但將在處理廠的頂部興建大型公園，能為該區帶來正面價值。他希望以後當局亦會在厭惡性的設施上加入有利居民的文康設施，將其轉化為休憩的地方。

2023 年 3 月 20 日
「民建聯到惠州考察轉廢為能設施」新聞稿

9.
民建聯團隊到佛山、雲浮考察氫能交通產業

為應對氣候變化，發展零碳排放新能源是國際大趨勢。國家制訂了2030及2060雙碳減排目標，策略之一是積極推動氫能發展。民建聯會務顧問譚耀宗、全國人大代表黃冰芬、立法會議員葛珮帆、周浩鼎、顏汶羽、沙田支部顧問董健莉、大埔支部主席胡綽謙，於6月17日考察了雲浮市的氫能基地和佛山市的氫能產業園。

佛山市及雲浮市引進和培育了一批先進的氫能企業，構建起「研發、原材料、製氫、儲氫、加氫、應用、服務配套」的氫能全產業鏈條，可年產30000台燃料電池電堆、5000台燃料電池車，是領先全國的氫能產業體系和產業集群。

他們到達雲浮基地後，試乘了氫能巴士。巴士的運行平穩且無噪音，氫能巴士只要加氫10分鐘，續航里程可達約350公里。他們亦於基地考察燃料電池堆生產線，了解生產線的製造過程。及後他們到佛山氫能產業園試乘氫能旅遊巴士，並考察車輛燃料電池系統組裝車間裏多架重型氫能車。車內載有儲氫瓶，以氫氣作為燃料驅動車輛。在行駛過程中，氫能車的氫燃料將轉化能量，過程僅排放電、熱和水蒸氣，並無其他污染性的排放物。他們亦到加氫站了解運作。加氫站的規劃精密，不需要用到大量土地。

葛珮帆表示今次考察收穫豐富，對內地的氫能研發、氫能交通及產業的高速發展加深了認識，認為香港應盡快制定全面的氫能發展政策，加快發展氫能交通的步伐，以達到2050年碳中和目標。

在氫能交通發展方面，葛珮帆指氫燃料電池車的優點是高效能、零碳、零污染、電池壽命長及不走電等，這些優點使得氫能車成為全球可持續交通

的一個重要發展方向。技術成熟加上量產效應，氫能電池的售價正不斷下降，由 2015 年 10000 人民幣／一千瓦，到現在約 1500 人民幣／一千瓦，估計 2030 年時可達約 500 人民幣／一千瓦，相信那時氫能車將可全面普及化。

由於氫能車內置的氫氣缸體積比較大，所以內地先推動長途的中重型氫能車，未來則會全面發展氫能交通。佛山市及雲浮市在 2016 年已開始運行商業化氫能公交線路，7 年來運行正常及穩定。現時，全國各地都已開始使用氫能公交，但香港則仍在試驗階段。民建聯建議政府參考內地成功經驗，加速推進氫能運輸，尤其應盡快制定使用氫能車的法例，及規劃建設足夠的加氫站。

本年度《財政預算案》提出在新能源運輸基金下預留 2 億元，開展氫燃料電池雙層巴士及重型車輛的試驗。氫能車現時價格比較高，政府必需提供足夠的資助，方可吸引業界轉用。政府可考慮預留更多資金，鼓勵業界轉用氫能巴士及重型車輛。

就氫能產業方面，葛珮帆認為內地去年推出的《氫能產業發展中長期規劃 (2021–2035 年)》，在資金、土地、政策上都有積極措施打造產業和產業鏈。香港亦應盡快制定全面的氫能發展政策，配合國家的發展策略。她指氫能市場發展潛力巨大，今次接觸到的內地氫能企業都表示正計劃到香港發展，其中一間企業更已經落戶香港科技園。當局可以引進重點氫能企業，並發揮香港優勢，與大灣區內地城市共同發展上、中、下游的氫能產業鏈，共同開拓國際市場。

周浩鼎表示考察了氫能園區，園區在製氫，加氫，到製造電池堆和氫能車等各個領域都有實際成績。他相信氫能車在市場很有潛力，香港也要緊緊地跟隨國家的步伐發展氫能，及早開展氫能試驗，與內地對接，以實踐高質量的工業化技術。內地的氫能產業現時依靠政府的龐大資金投資，未來當氫能和氫能車的使用更普及時，相信可以在市場佔一重要位置，並創造大量機遇。

周浩鼎指出，相關氫能產業鏈對於在香港設生產基地保持開放態度，希望能爭取部分部件生產線落戶香港，進一步落實香港新型工業化。他也了解到，相關氫能產業持份者明白，香港可以聯通世界，對長遠發展有利。周浩鼎希望政府能提供進一步的優惠，例如稅務優惠，對氫能產業產品的採購政策等，增加誘因，促使部分生產線落戶香港。

顏汶羽認為，內地新能源運輸發展一日千里，當中得到政府不少的扶持。香港若推動新興能源，亦需要有政府的支持。九龍東有多條小巴線在十年前已經購入電動小巴，然而欠缺充電配套，小巴只能以混能方式行駛。他認為氫能在香港的發展必須有政策的支持，為氫能車的發展拆牆鬆綁，讓氫能產業、實驗品和汽車可以真正落地。發展氫能運輸時，要建設好相關設施，包括提供足夠的加氫站，方便用家。若沒有足夠的加氫站，將重蹈電動車覆轍，有礙氫能車的普及。惡性循環亦會令氫能車的生產成本愈來愈貴，打擊氫能產業發展。因此政府必須提供政策支持和補貼，以及大幅設置加氫站。佛山市、雲浮市於定點走線設置加氫站，值得香港參考，例如氫能小巴可在定點走線時加氫，推進氫能交通和產業發展。

2023 年 6 月 19 日
「民建聯團隊到佛山、雲浮考察氫能交通產業」新聞稿

10.
深圳考察電動車超速充電設施，促政府加快完善充電配套

為了應對全球氣候急速變化及能源安全等問題，新能源運輸成為全球各國的發展焦點。特區政府目標爭取在 2035 年前將碳排放總量從 2005 年的水平減半，並停止新登記燃油車，以及在 2050 年前達致碳中和。近年亦積極推動新能源運輸，然而充電樁不足仍然是其中一個短板。

立法會議員葛珮帆連同民建聯會務顧問彭長緯和業界代表，日前前往深圳考察電動車的充電技術及設施的最新發展。他們參觀了深圳南山科技園的立體鋼結構公交車庫，及應用了華為 600kW 液冷超充充電技術的光儲充城市驛站。

葛珮帆提到，深圳南山區科技園立體公交車庫由當地政府斥資 6500 萬人民幣建成，佔地約 600 平方米，高約 45.8 米。車庫內採用 3 組 9 層垂直自動升降設備，做到一鍵式車輛智能存取和最優化停車。立體公交車庫共設 50 個公交巴士停車位和充電設施，並在地面增設 16 個電動巴士充電車位。立體車庫較傳統停車方式，土地利用率提高近 6 倍。項目具備超高運行效率，每輛巴士進出庫時間只需要 2.9 分鐘，有效緩解當區用地緊張、公交車夜間停車難、充電困難等問題。

葛珮帆亦特別到深圳龍華區考察新的超快速充電站。充電站採用了華為最新研發的 600kW 液冷超充技術，充電設施輸出功率很大，一小時能夠充 600 度電。電池容量為 50kWh 的新能源車，在 600kW 的功率下，只需要 5 分鐘就可以完成充電。一般而言，14 至 18 度電可以續航 100 公里，也就意味著，充電 10 分鐘，可以續航 400 公里以上。

葛珮帆指出，政府近年大力推動包括電動車等新能源運輸，然而本港

快速充電設施卻非常不足。快速充電樁少且近年增幅緩慢，4 年僅增 500 個，截至去年底，全港不足 1000 個，嚴重影響市民更換電動車意欲。碳排放最多的商用車換車數量大幅落後，包括電動巴士、小巴、的士等，都因快速充電設施不足而拒絕換車。

她認為要推動電動車，首要有完善的充電設施配套。科技發展一日千里，政府應積極研究引入超充技術，並為所有在政府停車場設置的充電設施轉為超快充及快充，解決用戶「爭位」充電、等候時間長、充電時間長等問題。她亦提到，雖然政府將為大澳鹽田露天公眾停車場的 150 個停車位提供中速電動車充電樁，但應改為設置高速充電樁。

葛珮帆指，內地發展電動公交的成功經驗值得香港借鑑。她建議政府研究引入多層式電動車泊位充電設施，以更低成本、較短時間，盡快解決充電困難問題。

2023 年 6 月 29 日
「深圳考察電動車超速充電設施，促政府加快完善充電配套」新聞稿

11.
民建聯到珠海考察預製組件工廠及轉廢為能設施

民建聯會務顧問譚耀宗、港區全國政協常委王惠貞、港區全國人大代表黃冰芬、立法會議員葛珮帆、劉國勳、顏汶羽及沙田支部顧問董健莉早前到珠海考察轉廢為能設施的預製組件工廠及珠海生態環保產業園內的轉廢為能設施。今日葛珮帆連同黃冰芬於立法會舉行記者會，分享考察所得。

世界處理廢物的趨勢就是透過焚化固體廢物，轉廢為能，以走向零碳經濟和零碳排放。堆填已經不是可接受的選項。香港第一個轉廢為能設施將會在 2025 年落成，但仍不足以處理所有都市固體廢物，所以民建聯到各地考察轉廢為能設施。今次就到珠海考察轉廢為能設施，了解設施的實時監察數據系統，處理區內空氣質素的情況，污水淨化的過程，實地體驗轉廢為能設施的操作。

黃冰芬表示，將於 2025 年啟用的石鼓洲轉廢為能設施的預製組件工廠設於珠海，此行有助考察組件製造的過程。香港建設轉廢為能設施的硬件不足。第一期的興建時間長，第二期可能要在五年後實現，第三期正物色選址。過渡期很長，堆填區壓力巨大。加上設施每日只可處理約 3200 公噸廢物，僅佔總垃圾棄置量 20%，政府需要思考過渡期間如何處理垃圾。她期望港府與內地政府加強溝通，研究落實兩地合作，亦要加快興建設施。她指，珠海建設第三期只需要兩年時間，香港要追趕完成的進度，及探討在國家批准下運用內地的剩餘廢物處理量。

黃冰芬提到，珠海市斗門區的兩期轉廢為能設施，已分別在 2016 年和 2020 年開始營運，綜合處理垃圾量每日 3000 公噸，可供應 3 億度電。焚燒垃圾量與石鼓洲設施相若。焚燒產生的飛灰只有 3%，可見國家的技術先

進。珠海亦正在興建第三期，新增兩個焚化爐，焚燒垃圾量各 1000 公噸。另外黃冰芬提到，石鼓洲設施興建時間超過 10 年，花費 140 億，成本大部分來自深海地基的建造。她希望未來能減少興建的時間和金錢。她提到，隨著技術愈來愈先進，污染大幅減少。2016 年建成的 T・PARK 的污泥處理廠，集處理污泥、發電、教育的功能於一身，可見新技術可安心使用，從而減輕市民憂慮。

葛珮帆表示，香港要在 2035 年實現零廢堆填，時間緊迫。現時每日都市固體垃圾為 11000 公噸，但兩期設施的處理量亦僅 7000 公噸廢物，期望第二期可加大處理量。此外，第一期轉廢為能設施的興建時間長，技術可能較為落後，例如剩餘 10% 的飛灰需要堆填，較北歐的 2%、及惠州和珠海的 3%高。飛灰含有多種重金屬和污染物，需要固化或穩定化後才能填埋，政府應考慮如何降低飛灰產生量。

另外，垃圾焚燒後產生的渣、灰、水亦可以製成環保磚。她建議當局要進一步交代第一期的技術有沒有改善空間。參考珠海第一、第二期能處理 3000 公噸垃圾的焚化爐，每期僅需約 1 年 2 個月就建成，兩期總投資額亦只涉約 17 億人民幣。她認為政府可以充分參考經驗，未來興建的轉廢為能設施可以用最新的技術、更低的價錢、更高的標準、更快的速度。

另外，葛珮帆亦指出，以往居民對焚化設施有負面觀感。就此，她提到曾到惠州參觀轉廢為能設施環境園，指園區採客家古堡式設計，外形美觀，已發展成內地 AAA 級的旅遊景園。轉廢為能設施每日處理 4600 公噸廢物，無煙、無味、無害，值得香港參考。而珠海的設施由法國設計師設計，外觀像藝術博物館。參觀者可以觀看焚化過程，過程無味、無污染，環保美觀，當區居民便不會反感。她亦期望政府可以多做宣傳，令市民了解轉廢為能設施的最新技術。

葛珮帆亦建議香港完成興建三期轉廢為能設施後，可把新界堆填區現有的廢物挖出並以焚燒處理，釋放土地，為北部都會區提供更多土地。她提到，珠海的垃圾處理量的預算比人口增長快，屬預早建成焚化設施。兩地政府可以探討合作的可能性，請珠海短期處理香港部分廢物，讓珠海能物盡其用，以焚燒廢物作再生能源。借用臨近城市焚化剩餘用量，要得到國家批准。她強調只是中期的權宜之策，不希望令內地居民產生誤會。

2023 年 8 月 2 日

「民建聯到珠海考察預製組件工廠及轉廢為能設施」新聞稿

12.
考察新疆綠氫項目 倡港水塘光伏製氫

立法會議員葛珮帆的新疆之行，最後一站是考察新疆的氫能發展。9 月 19 日，她到了新疆庫車，參加香港中國企業協會能源行業委員會的考察活動。她到訪了國家現時規模最大的光伏發電直接製造綠氫應用項目，由中石化集團投資的「新疆庫車綠氫示範項目」，包括綠氫光伏廠、製氫廠及塔河煉化用氫裝置。該項目是國內首次利用光伏發電直接製造綠氫，全部就近供應煉化設施。綠氫用於替代煉油加工中使用的天然氣，實現現代油品加工與綠氫結合的低碳發展。

看到新疆天山腳下一望無際的光伏板，她嘆為觀止。該項目利用新疆地區豐富的太陽能發電，直接製造綠氫。光伏電站佔地 9700 畝，等於約 906 個標準足球場的面積。光伏電站由 2 萬組光伏板組成，電解水製氫能力 2 萬噸 / 年，儲氫能力 21 萬標立方，輸氫能力 2.8 萬標立方每小時。每年可減少二氧化碳排放 48.5 萬噸，是國家綠氫煉化首次實現大規模應用，對實現碳減排具有重大示範作用。光伏電站更計劃未來引水、種草、牧羊，為當地居民改善生活。

她還考察了用作儲氫超大圓形裝置，及由超硬鋼板建成的原油儲備裝置。約 15 年前，國家為確保能源安全，要大量建造原油儲備裝置。當年因為未能製造超硬鋼板，只可以向日本購買。日本為打壓國家發展，將超硬鋼板抬至天價，企圖將國家迫向絕地。結果國家就在兩年內自主研發出超硬鋼板。現時所有煉油、儲存、加工設備都已是自主研發及製造，不再外求。無論新疆棉、儲油、煉油、華為 5G 等，面對外國無理打壓時，國家仍自強不息、發憤圖強、創新突破。

中国石化新星公司新疆库车绿氢示范项目
0.72
0.00
7.73

國家為確保能源安全及應對全球氣候變化，大力推動新能源發展，並提出「雙碳」目標。特區政府亦提出 2050 年碳中和願景。氫能發展是國際大趨勢，潛力巨大，以光伏等可再生能源製氫為主的綠氫產業是戰略性新興產業，其發展和技術革新能夠切實保障經濟、社會、環境能源等綜合領域的綠色低碳發展，是落實「雙碳」目標的重要舉措。

綠氫以太陽能等可再生能源製造，過程中不產生溫室氣體，香港也可以效法建設。例如可以利用香港的水塘，安裝光伏電站製綠氫。早年機電工程署曾經在水塘做試驗，現今光伏電站及氫能設備已經更加成熟，應該進一步實踐。政府亦應加快規劃及建設加氫站，及制訂法規，推動氫能運輸及其他應用。

2023 年 9 月 22 日
「考察新疆綠氫項目倡港水塘光伏製氫」新聞稿

13.
肇慶考察鋰電池回收產業、預製菜產業園

為抓住國家發展帶來的機遇，主動對接粵港澳大灣區建設，葛珮帆連同五位立法會議員，包括邱達根、陳紹雄、林筱魯、陳沛良，於廣東肇慶展開一連三日的考察行程。此行重點考察新能源及創新產業，加強兩地學習交流，促進肇港未來在各領域的合作發展 。

考察團首站前往廣東金晟新能源股份有限公司。該公司聚焦鋰電池的綜合回收和利用，對鋰電池進行無害化處理和資源化利用，變廢為寶。一方面有效減少鋰電池對環境的污染，另一方面提煉鋰電池的經濟價值，同時實現社會和經濟效益。今日，香港仍未能自行處理本地的鋰電池。政府打算明年推出鋰電池生產者責任制，並會為興建鋰電池處理廠進行招標。

之後他們到達肇慶市高要區考察大灣區首個預製菜產業園。項目已納入2022 年廣東省重點建設的前期預備專案，並錄入國家重大建設專案儲備庫。產業園率先動工的是冷鏈物流和預製菜生產基地專案。園區擬建設自動立體冷庫、多溫區冷庫、預製食品加工車間及配送中心、綜合樓等配套設施，投產後預計產值過百億元，創造近萬個就業崗位。近三年來，中國預製菜市場規模穩步增長。數據顯示，2022 年，中國預製菜市場規模達 4196 億元，增長了 21.3%。預計未來 3 至 5 年，有望以 20%左右的高增長率逐年上升，在 2023 年達到 5165 億元，在 2026 年達 10720 億元。預製菜產業有望發展成下一個萬億級市場。葛珮帆認為，香港美食、香港品牌、食品製造、食品安全及檢測聞名國內外，政府應研究如何支持香港食品企業發展預製菜產業，食品檢測發展亦大有可為。

2023 年 10 月 14 日
「肇慶考察鋰電池回收產業、預製菜產業園」新聞稿

第三章
仗義執言——為婦女及弱勢社群發聲

評論

1.
打擊虐待動物禁止放生

本港近年虐待動物案頻生，愛護動物協會數據庫顯示，2013 至 2019 年間發生 335 宗涉嫌虐待動物案件，大多數涉及對動物造成創傷性身體傷害或疏忽照顧，近三分之一動物被發現時已死亡。當中逾 170 宗案件未檢控，主因是未能找到犯人或在檢查時無法發現身體受傷的證據，凸顯本港動物保護福利法例落後。

《防止殘酷對待動物條例》是在 1935 年以英國的《1911 年保護動物法令》為藍本改寫而成。儘管港府三度修訂，也只修訂涉及殘酷對待動物的罰則，並未對立法原則作任何改動。我多年來要求政府修訂條例。政府在 2019 年始擬定修例，修訂包括向對動物負有責任的人士施加「謹慎責任」；要求他們採取合理措施以照顧動物需要，包括獲得保護、免受痛楚、痛苦和傷害等。預計下半年向立法會提交條例草案，希望能盡快完成立法工作。

此外，本港近年常見不當放生，不少動物被捕捉作放生用途，之後又因放生於不合適的環境而承受痛苦甚或死亡，對生態環境造成影響。現行法例一直無禁止放生活動，政府近日明確指出釋放動物會導致動物受到不必要的痛苦，為殘酷對待動物行為，並建議加重罰則。我認為政府應加強公眾教育，並立法禁止放生。

我茹素 30 多年，致力保護動物及推動保護環境。甲烷是導致全球暖化加劇的源頭之一，人類進食的肉類來自畜牧業，飼養家畜時會排出大量甲烷。希望政府能帶頭推廣綠色飲食、素食及拒絕進食瀕危物種等，普及更健康、更可持續發展的飲食。

2022 年 5 月 1 日《東方日報》〈仗義執言〉

2.
速修例保動物管放生

近年虐待動物案件頻生，有人把 30 隻動物「掟落街」，有人把小狗剖腹掏空內臟等，殘忍程度層出不窮。然而檢控不足，判刑太輕。這都凸顯動物保護福利法例落後。

政府於 2019 年就《防止殘酷對待動物條例》完成諮詢，擬定修例。是次修例主要循三方面入手，包括引入對動物負上「謹慎責任」、加強防止殘酷對待動物條文，及加強執法權力。我樂見政府接納意見，惟修訂建議仍有不足及漏洞，令人擔憂實際執法上難以作出有效規管。

本港近年常見放生活動。本次修例的條文提出「釋放或棄置動物導致該動物受到不必要的痛苦，如把海龜或海魚放生到不適合生活的淡水河，則屬殘酷對待動物罪行。」然而舉證困難，執行部門難以作出檢控。我倡議立法規管放生行為，規定市民需向漁護署申領放生動物許可證，只容許保育與科研等特定用途，並規範放生時間和範圍。此外，現時不少狗隻經常被用作看守地盤、倉庫。當地盤完工時，就被「用完即棄」留在原址。狗隻被逼流浪社區，亦因無晶片，即使捉到肇事者亦能推諉責任。政府必須加強規管。

在新法例下，保護流浪動物可能衍生法律問題。有團體反映，當一些流浪動物被市民投訴而被漁護署捕捉後，他們需承認是該動物的擁有人才可帶走動物。但引入「謹慎責任」後，義工或觸犯法例，政府應考慮豁免動物福利團體在此方面的責任。

動物是生命，有感情，也會感到痛楚，文明社會應該尊重及愛惜生命。期望政府盡快完善條例草案，並加強宣傳教育，讓市民從小對動物有多點認識，更接受和愛護動物。

2022 年 5 月 13 日《東方日報》〈仗義執言〉

3.
規管寵物貿易保生態

寵物貿易在全球日益擴張，金額數以十億元計。除貓狗外，不少人都想飼養珍禽異獸。為滿足需求，全球大量珍禽異獸被過度捕獲，加上土地過度開發、氣候變化等問題，世界正喪失生物多樣性，不少物種面臨滅絕的危機。香港近年寵物貿易不斷增加，飼養另類寵物成為潮流，亦令走私進一步惡化。

據環團調查，2015 至 2019 年的 5 年間，進口的活體陸棲珍禽異獸多達 2440 萬隻，當中有約 400 萬隻用作寵物貿易，涉及逾 700 個物種，爬行類佔 97%。5 年間受國際貿易公約規管的動物進口量達 280 萬隻，近四分之三為瀕臨絕種的物種。由於不少珍禽異獸的生存條件要求高，並不適合在香港飼養，無論寵物店或家居環境；均未必符合國際對動物福利的要求，飼養時或對動物構成傷害。不少珍禽異獸亦被捕捉作出售或放生之用，處理不當更會增加病原體引入本港的風險。

政府應檢討現行的規管工作，建立全面的監管機制，包括考慮引入「正面清單」，列舉能入口用作寵物貿易等用途的物種；對以商業目的飼養另類寵物的人士作規管，並修訂管有瀕危物種的制度；為珍禽異獸檢討生物安全程序，確保受到嚴格的邊境檢查；實施可追溯機制，如注入晶片等，確保環境衞生、動物福利及公眾健康。

據環團早前就《生物多樣性公約》的研究報告顯示，20 個全球生物多樣性目標當中，本港僅有 6 個部分達標，情況極不理想。此外，水警與海關近日檢獲高達 136 隻走私貓狗，亦有人涉在郊野公園捕捉瀕危烏龜被捕。要保護動物，確保生態可持續發展，政府應加強對公眾的宣傳及教育，盡快訂立珍禽異獸貿易規管機制，及全面的動物福利法。

2022 年 5 月 22 日《東方日報》〈仗義執言〉

4.
保障學童網絡安全

兒童與青少年上網日益普遍，互聯網成為娛樂、學習、通訊的重要工具。但網絡世界危機四伏。有調查發現，過去一年，每 10 名中學生就有 4 名遭受至少一次虛擬性騷擾，包括被逼接收性裸露內容、性誘惑或性體驗，有兩成曾遭網絡欺凌。兒童平日使用的電子玩具、網上通訊及社交平台，或導致兒童私隱外洩，讓孌童癖者有機可乘。

面對與日俱增的網絡安全風險，全球各地已訂立相應法例，保障兒童安全。美國訂立的《兒童在線隱私保護法》早於 2000 年生效，明確禁止網絡營運商過分採集兒童私隱。前年有日本摔角女選手因網絡欺凌輕生，日本國會最近亦表決加重侮辱罪的刑罰：涉及網上誹謗中傷等行為，可最高判處一年監禁及罰款。內地的《未成年人保護法》和《預防未成年人犯罪法》於去年 6 月 1 日實施，規定禁止製作、複製、發布、傳播或持有未成年的淫穢色情物品和資訊，亦對未成年的隱私和訊息保護作出專門規定。香港法改會於 2019 年發表《檢討實質的性罪行》報告書，建議訂立「為性目的誘識兒童」罪行，藉此防止孌童癖者藉手機或互聯網，以通訊程式等媒介誘識兒童，對他們作出性剝削。政府應參考其他地方的法例及法改會的建議，盡快研究本地立法的可行性。

網上欺凌及性侵犯對兒童及青少年的身心造成嚴重傷害。要加強保護兒童網絡安全，除立法外，也需家長、社會及政府共同努力。教育局應加強資訊素養教育及宣傳；家長應多留意孩子的網上活動，不要隨便把孩子的個人資料放上網；兒童玩具及網上平台服務供應商亦應盡力保護兒童私隱。

2022 年 6 月 23 日《東方日報》〈仗義執言〉

5.
預防虐待兒童　必須築保護網

保護兒童免受虐待和傷害是社會應有之義。今年 7 月，立法會三讀通過《強制舉報虐待兒童條例草案》，強制規定經常接觸兒童的 25 類指明專業人員，懷疑有兒童受虐時，須盡快作出舉報，以進一步編織更全面、更有效的保護網。

聯合國兒童基金香港委員會歡迎通過條例，指未來將有逾 10 萬名指明專業人士與特區政府一起守護兒童，將保護網編織得更大。

本港虐待兒童個案數字過去 10 年間屢創新高，由 2013 年的 963 宗，攀升至 2023 年的 1457 宗。當中不少個案更駭人聽聞。2021 年，12 名童樂居前職員餵兒童食樹葉及旁觀虐待而不作為等，涉及至少 22 名 3 歲以下幼童。屯門一名 9 個月大女嬰「小雪兒」，在交由社區保母照顧期間疑遭虐待，導致左腦出血，自此嚴重殘障。兒童受虐時，大多無力自保或難以主動求助，部分遺下長期創傷甚至失去生命。

修訂條例 多管齊下

過去社會上有聲音對條例表示擔憂，包括「嚴重傷害」的定義不夠清晰、牽涉的相關業界未有足夠時間做好準備、濫報個案激增等。事實上，法例條文中已清晰界定保護對象、強制舉報者的涵蓋範圍及列出構成「嚴重傷害」的元素。相關專業人士會以兒童福祉為最大依歸，且具足夠能力判斷兒童是否被嚴重傷害。法例會在刊憲後 18 個月才實施，並設立電子學習平台，為相關專業人員提供培訓，亦會有清晰指引，提供參考資料及資訊，讓業界有足夠時間檢視和修訂專業實務守則或指引。

罰則方面，條例引入「兩級制」刑罰，對未按規定作出舉報的人士，經循簡易程序定罪，最高可判罰 5 萬元；若經循公訴程序定罪，最高可判監禁 3 個月及罰款 5 萬元。雖然有指相關罰則較輕，但「強制舉報者」涉及的 25 類指明專業人士都非常著重專業誠信，若他們被判罪並留有案底，將嚴重影響專業資格及從事行業，故現時罰則已有足夠阻嚇性。

強制舉報虐兒條例只是兒童保護網的一部分，要全面保護兒童，政府及社會仍有很多工作要做。除了在條例實施後，密切觀察情況並調整資源和配套外，預防虐兒亦是重要一環。當局應提供更適切的援助，包括建立完善高危家庭篩選系統，及早識別高危目標並提供援助。另亦應訂立「沒有保護罪」，追究監護人或照顧者因虐待或疏忽導致兒童受到嚴重傷害或死亡的責任，解決家人、鄰居、傭工等知而不報的問題。政府亦需修訂現時落後的性罪行條例，加強打擊兒童性罪行，多管齊下，編織更全面保護網。

虐兒、性侵，對兒童及無自理能力人士的影響是伴隨一生的。這些案件一宗都嫌多，各界必須採取零容忍態度。我期望政府能認真研究上述建議，同時當局亦需加強宣傳教育，進一步提升市民對保護兒童的意識和敏感度。期望在各界努力下，為兒童提供更全面的保護。

2024 年 9 月 3 日《東方日報》〈龍七公〉

6.
速訂「沒有保護罪」保護兒童

本港再爆虐兒悲劇。一名送貨員剛因向女友淋通渠水而被判囚，出獄後與女友及兩歲多女兒同住約 4 個多月，又涉嫌因多番劇烈地搖晃女兒，令她腦部嚴重出血，在滿 3 歲當天死亡。日前高院裁定送貨員謀殺罪成，判囚終身，官斥其行為不可思議，非常惡劣。

近年，年幼兒童被父母或照顧者虐待受傷或致死案件頻發。據統計，本港新呈報虐待兒童個案的數字有上升趨勢，由 2013 年的 963 宗，升至 2023 年的 1457 宗，升幅逾 50%，創 10 年新高。其中「身體虐待」佔大多數，其次為「性侵犯」及「疏忽照顧」。超過一半的施虐者為兒童的父母。社福界普遍認為，呈報數字只是冰山一角，未足以反映實際情況。過往舉報懷疑虐兒個案的機制純屬自願性質，被認為未夠完善。政府亦接納社會意見，在去年通過《強制舉報虐待兒童條例草案》，已於今年生效。

根據聯合國《兒童權利公約》，每個兒童都應享有生存權及受保護權，保障其免受任何形式的虐待、疏忽照顧和剝削。保障兒童確實是文明社會不可妥協的核心價值。除了強制舉報外，政府需進一步加強保護兒童的政策。加重虐待兒童罪行的刑責，並盡快訂立「沒有保護罪」，對沒有保護兒童、易受傷害人士，導致其死亡或受嚴重傷害的旁觀者施加刑事責任，加強保護兒童。

2021 年，法改會已研究其他普通法司法管轄區的相關法律和常規，包括英格蘭、南澳洲和新西蘭等，並發表報告書。法改會建議訂立「沒有保護罪」，如受害人死亡，可處監禁 20 年；如受害人受嚴重傷害，包括永久陷於植物人狀態，可處監禁 15 年。當局應落實有關建議。

現時很多虐兒案件都存在知情不報的情況。舉證往往很困難，尤其當涉及家人。家庭成員之間或會為維護家人而緘默，袖手旁觀者亦不用負任何責任。訂立「沒有保護罪」能解決家人、鄰居、傭工等知情不報的問題，確切地追究虐兒責任，就能更有效地保護兒童。

受害者會受到短期或長期身心傷害，影響兒童一生。惟現行法例下，虐兒罪最高刑罰只是監禁 10 年，阻嚇力度不足，有必要進一步提高。保障兒童在健全環境下成長，是社會應有之義，虐兒案件更是一宗都嫌多！要實現社會對虐兒「零容忍」，除了以上措施外，加強市民意識亦是重中之重。參考紐約「全民哨兵計劃」，市民的參與可使虐兒通報率提升 4.8 倍，且令 97% 民眾認為「具備明確行動指引後更願意介入」。雖然港府現時對「沒有保護罪」持觀望態度，惟保護兒童刻不容緩，處罰必須從嚴。期望政府能盡快落實上述建議，並採取更積極態度，全面檢討香港保護兒童政策，有效分配資源，應對虐兒問題。

2025 年 4 月 1 日《東方日報》〈龍七公〉

7.
女無家者急需支援

近年本港無家者人數激增，2014 年至 2021 年間，經社署登記的人數由 787 人提升到 1562 人，增幅近 98%。其中女性由 2014 年的 43 人，躍升至 2021 年約 171 人。社會對無家者的支援一直不足，亦傾向以男性為主導。女性的生理及心理需要往往被忽略，社會及政府應正視她們的需要及訴求。

我上週與香港社區組織協會及幾位女性無家者見面，聆聽她們的訴求。據顯示，現時政府僅提供 222 個資助緊急及短期宿位，女性宿位只佔 31 個。女性無家者有不同程度的生理及心理需要，但宿舍未有間隔，毫無私隱可言。入住者來自不同環境，衍生衞生問題，有宿舍更曾出現蝨患。緊急住宿只提供予單身人士，有伴侶的無家者寧願一起留在街上；社會並沒有為露宿者提供到位的精神健康支援服務。

女無家者是社會弱勢的一群，若港府未有針對性政策的介入與支援，就不可能確保她們的生活能獲得基本保障，更難以讓生活漸回正軌。我期望新一屆政府能訂立女無家者友善政策，包括：增設宿位與改善私隱安全；研究成立具處理情感創傷的知識及技巧的專屬服務團隊，為女無家者提供協助；參考外國例子，為有伴侶的無家者增設雙人宿舍；為無家者提供精神健康服務；協助就業等。

信奉功績主義、天道酬勤的香港，社會地位的高低、貧富成敗自然與個人是否奮鬥掛鉤。無家者往往被標籤為「不夠上進」，卻漠視無家者背後有極複雜的成因，既與市場經濟有關，亦與家庭衝突等脫不了關係。社會不能把責任只歸咎在個人身上。台北和東京等城市已成立專責部門支援無家者，社會氛圍變得更和諧。香港的無家者政策值得政府研究與深思。

2022 年 5 月 27 日《東方日報》〈仗義執言〉

8.
工作家庭只能二選一？

香港人口老化問題嚴重。近年經歷退休潮及移民潮等衝擊後，多個行業正面對人力短缺問題，各行各業都在搶人才，或要求員工延後退休以補充勞動力。為解決人力資源不足問題，釋放婦女潛在勞動力正是其中一個可行方向。我作為民建聯婦女事務委員會主席，日前聯同立法會議員和多位業界及學界代表舉行研討會，探討有關議題。

香港基層婦女往往受制於傳統家庭觀念，不少因家庭因素而提早離開職場。儘管有重返職場的意願，但還要面對照顧家庭的負擔。對於希望重回職場同時兼顧家庭的婦女來說，在缺乏選擇下，她們多數只能從事兼職或零散工。相較全職工作，收入較少且不穩定，亦沒有事業發展階梯可言。提供一份能夠兼顧家庭且收入穩定的工作，是目前釋放婦女勞動力的難題之一。

香港社會普遍仍存在「男主外、女主內」的觀念，婦女常因要照顧孩子及家庭而放棄事業。當孩子長大後，她們想重回職場時卻非常困難。在釋放婦女勞動力問題上，現時政府並無積極協助婦女重投職場的政策，託兒服務亦不足。家庭友善政策淪為口號、綜援政策僵化等問題長期未能解決。婦女到生育年齡時，被迫要面對選擇工作或家庭的「十字路口」，更導致部分婦女不願意生育。

根據統計處數字，2018 至 2022 年，香港勞動人口減少約 22 萬人，佔總勞動人口的 5.5%。同時，2021 年 15 至 64 歲香港女性的勞動人口參與率為 61.8%，比同齡的男性（80.1%）低，遠低於一些較著重婦女就業的國家，如冰島、加拿大、澳洲、日本等。

不少研究指出，難以兼顧事業及家庭是其中一個影響香港婦女就業的主因。調查指，最年幼的子女年齡愈大，受訪者有全職工作的比例愈高。最年幼子女是 6 至 8 歲的，只有 9.2%有全職工作，最年幼子女是 12 至 14 歲的受訪者，就有 28.9%有全職工作。另外亦有資料顯示，有多達七成的受訪媽媽都希望工作，只是未能找到合適的上班時間。

為釋放婦女勞動力，政府應為離開職場一段時間且有需要的婦女提供技能培訓援助、職業發展機會以及就業配對服務。同時，為將婦女從照顧者角色中解放，政府應增加更多社區託兒、照顧長者服務，如可在公共服務設施及政府大樓內提供託兒服務，亦可研究把現行的「外傭護老培訓試驗計劃」，拓展到嬰幼兒照顧，紓緩在職母親的壓力。政府及商界亦應提供誘因，鼓勵企業為員工提供培訓假、育嬰假、照顧家庭假等，創造家庭友善環境。

過往婦女相關政策政出多門，欠缺統籌。期望今年上任的婦女事務專員可統籌各部門協作，並採納上述多項建議，提供更多有利政策措施、和支援，以促進婦女就業，釋放潛在勞動力。

2024 年 7 月 9 日《東方日報》〈龍七公〉

9.
性罪行條例落後 須進行改革

香港現行性罪行法例基本上沿用英國《1956 年性罪行法令》，過去 68 年來鮮少改革，對涉及兒童性罪行的定義和處理亦相當簡單，甚至比上世紀 80 年代由社署制訂的《處理虐待兒童個案程序指引》落後。2022 年 5 月，法改會發表《性罪行檢討中的判刑及相關事項》報告書，就《檢討實質的性罪行》報告書所建議，針對各項罪行刑罰、改革和加強性罪犯的治療和自新服務、優化性罪行定罪紀錄查核機制等三大方面，提出最終建議。然而，這份由法改會歷時 16 年才完成的報告書，卻是讓人失望的。

研究指，2023 年度青少年罪行個案數字為 209 宗，性罪行佔 63 宗，比率高達 30%，是 2009 年以來最高。數據顯示，2023 年侵害兒童性罪行個案為 696 宗，較 2022 年上升 20%，對比 2020 年更達驚人的 80%。2023 年強姦及非禮案件對比前年亦有上升趨勢，明顯反映性罪行個案比率節節上升。

我及民建聯一直要求擴大「性罪行定罪紀錄查核」機制，及盡快修訂性罪行條例。多年前，我已在立法會保安事務委員會上，對相關議題表達意見及關注。政府當年推出查核機制時曾承諾，待首階段運作暢順後，再考慮開放予家長及志願工作者使用。惟當時查核機制並不全面，包括只適用於準僱員，但對現職僱員沒有任何防範措施。此外，機制只讓機構或企業僱主查核紀錄，但家長卻無權使用，無法在聘用私人補習老師或報名參加團體活動時作參考。

多年前，有狎童前科，任職香港小童群益會社區中心活動助理非禮女童一案，已反映查核制度不足。惟當局一直指要等有適當能力處理，才再擴

大及延伸。但事實上社會正有查核需求。現時私營補習社和私人補習老師愈來愈多，老師與小朋友需要長時間單獨相處，風險很高。盡早擴大涵蓋範圍，讓更多家長在聘用和報名時可放心。

擴大查核機制涵蓋範圍獲社會普遍支持，保安局日前公布分三階段擴大範圍，率先於今年第四季擴至準自僱人士，如私人補習老師、運動教練、音樂老師等上門服務提供者。明年底前再擴至志願工作者，最後至所有僱員及自僱人士。我十分贊同及支持有關安排，預期擴大查核範圍後，合資格申請人數將大增。當局正積極優化查核機制的電子系統設備，並建立網上申請平台，以電子形式處理申請。

保障兒童及婦女免受性罪行的殘害，是政府應有之義。同時政府亦應考慮把機制涵蓋已失時效的定罪，及延長有關定罪的時限。本港現時性罪行的定義狹窄，相關法例過時。政府須盡快更新性罪行定義及修訂性罪行條例，參考海外司法管轄區相關法例，制訂具體的修訂建議，加強打擊性罪行。

2024 年 6 月 18 日《東方日報》〈龍七公〉

10.
助女性積極面對更年期

更年期不只會引起潮熱、失眠、憂鬱、焦慮等情緒障礙，更與身體健康環環相扣，輕則可導致骨質疏鬆症等，重則可導致冠心病、中風。更年期對女性的影響不容忽視。然而，礙於社會對更年期的認識及對更年期女性關注不足，不少女性消極面對更年期的困擾，以致身心健康及日常生活大受影響。更有女性因情緒出現嚴重問題而有自殺傾向。

按全港女性總人口計算，現有 18%女性面對更年期的問題。惟大多數女性都對問題避而不談，原因是社會對她們大多帶有負面標籤，加上媒體經常醜化更年期，包括衰老、情緒容易失控等，令不少女性不敢求助。為了改變社會風氣，政府及媒體應加強宣傳教育，並透過不同渠道，如健康講座等，提供正確資訊，提升公眾認知及矯正錯誤觀念。

此外，鑑於現時政府對於更年期婦女支援不足，我建議政府可增加更年期評估服務及體格檢查，加強骨質疏鬆篩查，推展全民子宮頸癌及乳癌篩查，有助及早發現更年期婦女的健康問題及提高健康意識。一些經常要面對身心及家庭壓力的婦女，情緒較易波動，政府可增加求助熱線、轉介及輔導服務等，減輕她們的心理壓力。

再者，一些婦女或因資訊不足，誤以為面對更年期只能啞忍，並未求醫。事實上，可透過西醫（激素替代療法），中藥（如二仙湯、知柏地黃湯等），以及針灸等進行治療，改善身體狀況。

更年期使女性面對身體及心理的壓力。假如大眾及政府能夠作出適時支援，並給予理解、體諒，甚至更多的包容，相信能改變社會風氣，打破更年期負面標籤，幫助女性積極面對更年期。

2022 年 12 月 9 日《東方日報》〈仗義執言〉

11.
長者牙痛慘過大病

日前有多名長者及基層市民頂著強風暴雨，在健康中心外通宵等候牙科街症派籌。九龍城、荃灣、元朗等多間政府牙科診所都有通宵輪候「剝牙籌」的情況，長者苦等數小時只為得到「醫牙」的機會。有長者表示，牙痛已持續幾星期，奈何私家牙醫太貴，捱更抵夜只想「慳得一蚊得一蚊」。

隨著老年人口比例不斷上升，長者牙科護理服務需求龐大。惟現時公營牙科服務嚴重不足，牙醫人手短缺，長者牙科服務及支援不足。雖然衞生署轄下的牙科診所每週都為市民提供免費牙科街症，卻僅限於脫牙和止痛等緊急服務，並不包括補牙或鑲牙，且名額有限，供不應求。

本港的牙科服務以私營為主，其服務普遍收費不菲，基層長者難以支付高昂的診金。政府雖已推出多項津貼及資助，然而私營診所單是洗牙便可能要價近千元，植牙或更高達二萬元一顆。現時醫療券計劃一年僅有 2000 元額度，只夠脫一顆智慧齒。加上要兼顧其他醫療需要，資助金實屬聊勝於無。搶不到牙科街症名額的長者，面對牙痛只能啞忍。

我多年來一直關注問題，近日亦在《施政報告》諮詢會中再次提出建議，希望特首考慮修改法例，引入非本地培訓的牙醫，增加牙醫人手，並為長者提供適切的公營牙科護理服務。政府亦應檢視現行的長者牙科津貼及資助，研究增加金額及資助項目，並適度放寬申請門檻。

「牙痛慘過大病」，牙患問題除了令長者進食困難，導致營養不良、終日鬱鬱寡歡外，更會引發其他嚴重疾病。期望政府能正視長者牙疾問題，盡快落實更多支援政策，並加強宣傳及教育，助長者保持牙齒健康。

2022 年 8 月 12 日《東方日報》〈仗義執言〉

12.
多管齊下保障牙齒健康

本港公營牙科服務嚴重不足，然而根據現行政策，政府只主要負責進行宣傳教育，並未把牙科納入公營醫療系統之內。一旦牙齒出現問題，不少基層市民及長者或難以負擔私營牙科的高昂費用，只能強忍牙患，部分長者更淪為「無牙老苦」。檢視現行牙科政策刻不容緩。

現時衞生署轄下 40 間牙科門診中心，每月雖會開放免費牙科街症，惟名額僅約 4000 個，屬杯水車薪。街症診治只限脫一顆牙及止痛，市民不一定能得到全面治療。另外，本港牙醫比例低於其他國家及地區，每一萬名市民只有約 3.7 名牙醫，但當局仍推算牙醫人手將於 2040 年飽和。很可能在估算時，當局沒有足夠資訊，未有把市民的「怕貴忌醫」、輪候街症的市民需要，納入需求計算之中，恐低估牙醫人手不足情況。

民建聯日前發表《牙科服務發展藍圖暨公營牙科服務政策倡議書》，冀釐定短、中、長期措施，助走出困局。在短期內，政府可增設能在本地或跨境使用的 2000 元長者牙科專項醫療券；簡化並增加非本地培訓牙醫來港執業的許可試，以加快補充人才；善用和增加牙科治療師的編制及職能，加強牙科街症服務。中長期而言，政府應把牙科醫療服務納入常規公營醫療系統，為市民提供牙科護理的安全網。並按實際需要，為求診者訂定適當的醫療計劃，讓市民的牙齒健康受到政府公營醫療系統應有的基本保障。

「牙痛慘過大病」，牙患患者不只進食不順，更會導致營養不良及造成心理影響，嚴重威脅他們的身心健康和日常生活。期望政府能採納上述建議，盡快檢討牙科政策，助市民保障牙齒健康。

2023 年 1 月 8 日《東方日報》〈仗義執言〉

13.
抓住機遇擴展跨境安老

香港人口老化問題嚴重，全港現有約 145 萬名長者，估算到 2039 年，每 3 名港人便有一名長者。香港即將進入超老齡社會，安老問題日益迫切。隨著粵港澳大灣區的建設，正為本港棘手的安老難題提供機會。

安老是香港老、大、難問題之一，本港安老宿位長期供不應求、宿位空間不足，護工不足等難題遲遲未解。反觀港人在灣區安老，卻有多項優勢，包括：內地有大量空間興建安老院，且速度快，床位充足；院舍空間普遍寬敞，且精細化、選擇多；入住院舍成本普遍較便宜。

事實上，不少香港長者選擇到內地安老。據了解，現時有逾 53 萬名港人長居廣東省，當中約 8.9 萬人年屆 65 歲或以上。內地與香港關係密切，文化及生活習慣相近，未來到大灣區城市安老的人數或進一步上升。在香港

現實情況下，安老服務的挑戰愈發嚴峻，回內地安老可起分流之效，是可取的選擇。

為進一步擴展跨境安老措施，便利長者返內地安享晚年，我聯同李世榮議員和顏汶羽議員日前約見勞福局副局長何啟明會面交流，並提出多項建議，包括優化「廣東院舍住宿照顧服務試驗計劃」，增加更多合作機構，及把計劃擴展至廣東和福建以外的其他省份。同時為解決長者「返港就醫難」的問題，可研究把「長者醫療券計劃」擴展至大灣區的醫院及健康服務中心。長遠而言，可參考「長者社區照顧服務券試驗計劃」，為移居內地的長者提供居家安老支援服務。優化配置大灣區內的資源，能助香港解決不少問題，安老正是其一。港府應抓住機遇，研究落實上述建議，擴展跨境安老措施並完善配套，解決本港安老難題。

2023 年 4 月 20 日《東方日報》〈仗義執言〉

14.
提升疫苗接種率防子宮頸癌

子宮頸癌是香港女性常見癌症。據政府數據，近年子宮頸癌新症數字有上升趨勢。2022 年子宮頸癌在本港常見的癌症排行第九，女性新症人數為 1188 人，佔女性癌症新症總數的 6.6%，死亡人數為 167 人。有專家指出，子宮頸癌由人類乳頭瘤病毒（HPV）感染引致，HPV 更可誘發陰道、外陰和肛門的癌前病變或癌症。現時兒童免疫接種計劃提供的 9 價疫苗，覆蓋大部分引致子宮頸癌的 HPV 病毒。HPV 疫苗十分安全，有效率高於九成，副作用一般輕微而短暫，包括頭痛、噁心，或接種部位疼痛等。

接種 HPV 疫苗能有效預防子宮頸癌，及其他因感染 HPV 而引致的癌症和疾病，因此有必要盡快讓本港女性接種疫苗。過去十多年來，我一直爭取讓適齡女童免費注射 HPV 疫苗，以減低子宮頸癌新症數字，構建零子宮頸癌城市。我樂見特區政府接納建議，於 2020 年開始為小五女生進行免費接種。為保證不足 20 歲（即 2004 至 2008 年出生）的女生可同樣受惠，衞生署亦在去年 12 月 2 日開展免費補打計劃。值得一提的是，小五的 HPV 疫苗接種計劃接種率高達九成以上，足見到校接種模式能大大提高接種率，令人鼓舞。

我亦成功爭取為中五女生補打 HPV 疫苗。衞生署已斥資購入 18 萬支疫苗，可為逾 5 萬名中學生免費接種兩至三劑疫苗。我亦於去年邀請全港約 530 間學校，約 5.2 萬名合資格學生參加補種計劃。惟根據衞生署數據，僅有 352 間學校參加，約佔全港學校的 66%。當中 70 間已舉辦接種活動，近 3700 名學生受惠，覆蓋率達 51%。然而，有 27 間學校不參加，151 間學校未有回覆，佔全港學校 5%及 29%。不參加的主要原因是學期時間緊

湊、缺乏人手支援等。中學反應未見踴躍，與小五 HPV 疫苗接種計劃近 90%的接種率相差甚遠，令人失望。

事實上，HPV 疫苗並不便宜，兩劑疫苗動輒耗費約 3000 元以上，一些基層家庭難以負擔，所以政府提供免費注射確是德政。政府及學校均有責任做好推廣及教育，向家長及學生說明疫苗的重要性，呼籲學生接種疫苗，保障健康。學校更有責任為學生安排接種，不能因為太忙或不夠人手而放棄參加補種計劃，剝奪了學生接種疫苗的機會。

保護女性及兒童的生命健康，是政府和學校的應有之義。為進一步提升疫苗接種率，建議衞生署盡早公布補種計劃第二及第三階段的詳情，加強與學校溝通，確保有足夠的外展接種隊提供服務。政府亦需加強宣傳，提升大眾、家長及學生對子宮頸癌及 HPV 疫苗的了解。教育局及學校亦應大力支持及參與補種計劃，向家長及學生提供資訊，提升接種參與率。我強烈呼籲家長讓女孩接種 HPV 疫苗，預防子宮頸癌，保障孩子的生命安全。

2025 年 2 月 18 日《東方日報》〈龍七公〉

15.
構建零子宮頸癌城市

在 2022 年，子宮頸癌在香港女性最常見的癌症中排第九，佔女性癌症新症總數的 3%。據一些醫學文獻的數據估計，每 5 個女性就有 3 個有機會感染 HPV 病毒，而每 2 個男性就有 1 個有機會感染 HPV，情況令人憂慮。

民建聯婦女事務委員會一直關注預防子宮頸癌，並積極爭取推行免費 HPV 疫苗接種。繼關愛基金把免費接種疫苗對象擴展至領取在職家庭津貼及半額書簿津貼的女性後，亦成功說服政府於 2019/20 學年開始讓小五及小六女生免費接種 HPV 疫苗。惟相對其他國家或地區，本港在預防及應對子宮頸癌仍相對落後。

綜觀澳洲、英國，當地政府除指定 11 至 13 歲女孩為 HPV 疫苗計劃對象外，亦加入 18 歲以下的追加計劃，加快消除子宮頸病變及癌症。而澳門亦早於 2013 年開始 HPV 疫苗計劃，為 11 至 13 歲女童提供常規接種，18 歲以下的女性亦可免費接種。另外，許多國家亦納入男孩為對象，以預防男士因 HPV 病毒而患癌。及早接種疫苗，長遠可以減輕政府的醫療負擔。

政府應盡快擴大免費接種 HPV 疫苗的受惠對象，例如積極考慮增加中學生追加群組，優先為中五及中六學生接種。預計受惠人數超過 4.7 萬人，以保護更多適齡女生。同時，政府應積極研究為適齡男生免費接種 HPV 疫苗，讓兩性都可以受惠。

昨日是國際兒童節。社會一直提到保護兒童，除了發展權利，亦應考慮為孩子創造健康的成長環境。期望政府把消除子宮頸癌訂為長遠目標，保障婦女與下一代的健康，早日構建零子宮頸癌城市。

2022 年 6 月 2 日《東方日報》〈仗義執言〉

16.
預防及治療骨質疏鬆症

骨質疏鬆症是一種慢性的骨骼新陳代謝病症。患者的骨質密度減少，令骨骼結構變得脆弱，容易骨折。據統計，現時 65 歲以上長者，有近 40% 患有骨質疏鬆症；50 歲或以上，有三分之一的女性和五分之一的男性一生中會患上脆性骨折。約 70% 骨折患者失去不同程度的活動能力。約四分之一因髖骨骨折，需入住安老院。約 17% 的 65 歲以上患者會在髖骨骨折後一年內死亡。骨質疏鬆症影響患者健康，情況不容忽視。

香港大部分市民對骨質疏鬆症一知半解，並不知道骨質疏鬆是導致骨折的計時炸彈，未有及早預防。過去民建聯婦女事務委員會曾進行調查，發現市民普遍不滿意政府對預防骨質疏鬆的宣傳工作。我建議加強宣傳教育，例如夥拍區議會，或非政府組織舉辦講座或工作坊等，提升市民對骨質疏鬆症的認知。並向全港 50 歲或以上女性及 65 歲或以上男性提供免費骨質密度篩查服務。

有組織在 2019 年開展了有關預防骨質疏鬆症的篩查先導計劃，葵青地區康健中心亦於去年推動骨質疏鬆症的篩查計劃及預防工作。上述經驗顯示，透過與各個地區的康健中心及康健站合作，在基層醫療層面上加強骨質疏鬆症的篩查、跟進，提升公眾教育，將有效預防骨質疏鬆症。有關工作可以透過公私營合作和醫社合作的模式推行，有效運用不同方面的社會資源。

隨著本港人口老化，骨質疏鬆症及骨折的發病率有上升的趨勢。我日前已去信立法會衛生事務委員會，要求加入討論預防骨質疏鬆症的議程。期望政府早日制訂管理骨質疏鬆的政策，促進市民健康。

2022 年 6 月 10 日《東方日報》〈仗義執言〉

17.
內地藥物的本地可及性

本港的罕病患者、癌症患者不但要長期與病魔作戰，身心飽受煎熬，家屬更要承受巨大財政及心理壓力。新藥治療是他們活下去的唯一希望。

雖然政府已設「指定病人」藥物計劃，即醫生可為病人申請使用未於本港註冊的藥物。但不是所有醫生都願意花時間幫病人申請，供應商也可能不願意提供協助，釀成不少罕病、癌症患者因等不到藥而失救的悲劇。所以，我多次要求政府加強引入內地研發藥物。近年國家對研發腫瘤和罕見疾病藥物成果突飛猛進，國研新藥絕不遜色於傳統藥業大國。惟當局反應並不積極，認為現行機制較穩妥。藥品的安全性、有效性和質量固然重要，可及性也同樣重要。不必要的法規會構成延誤及障礙，阻礙患者獲得安全有效的藥物。

為加強內地註冊新藥在港使用的可及性，我建議政府推行短、中、長期方案。短期可設立有別於「指定病人」計劃的渠道，助符合監管機構規定（如治療緊迫性、疾病嚴重性等），但只獲國家藥監局註冊的創新藥物可在本地使用，並以先行計劃形式逐步擴展；中期可持續評估在藥物註冊過程中使用一張，而不是兩張 CPP 藥劑製品證明書（CPP）的可行性，並與國家藥監局溝通，了解成為國際醫藥法規協調會議（ICH）正式會員的預計時間；長期上，研究制訂藥品註冊互認方案，長遠加快內地新藥在港投用。

罕病、癌症患者在治療的路上難關重重，救他們於水深火熱之中是政府應有之義。期望局方正視他們的需要，盡快研究落實上述措施，加強內地藥物在港的可及性。以挽救生命，讓患者重拾希望。

2022 年 11 月 21 日《東方日報》〈仗義執言〉

18.
禁 CBD 鞏固抗毒防線

近年含大麻二酚（CBD）成分的產品成行成市，並聲稱有助眠、抗病等功效，惟說法未有權威認證。加上提取純 CBD 很困難，過程中容易摻雜有害的四氫大麻酚（THC）等大麻素，使用後或導致使用者上癮、產生幻覺，危害健康。近日公布的《施政報告》中，就提及明年將實施經修訂的《危險藥物條例》，禁止管有、製造、運送、分銷 CBD 及含 CBD 產品。相關修訂已在日前刊憲，並將提交立法會進行先訂立後審議程序，預計明年 2 月 1 日生效。

現今不少年輕人不明白 CBD 與大麻的分別。因為 CBD 隨處可買，加上部分海外地區大麻合法，年輕人可能視大麻作娛樂性用藥，以為在港吸食大麻也合法。我接獲多名家長投訴，憂慮孩子會因不慎使用 CBD 而上癮，影響身體健康。政府數據亦顯示，去年呈報的青年吸毒者上升約四成半，逾半青年吸毒者曾吸食大麻。香港青年協會青年違法防治中心更發現，社交媒體涉毒品貼文數量及瀏覽量在過去 6 年呈上升趨勢，有關 CBD 的貼文瀏覽量更在去年急升 3 倍。

考慮現時社會情況，設立測試制度，檢查個別 CBD 產品的 THC 等大麻素含量，不足以全面保障公眾健康，直接管制會較為適當且清晰。因醫療、研究或教學而管有相關物質則可獲豁免，無阻醫療及研究用途。是次修例是必要之舉，我表示支持。此外，局方於全港設置了棄置箱，方便市民妥善棄置 CBD 產品。

吸食毒品，後患無窮。期望政府藉是次修例，加強宣傳禁毒工作，鞏固香港抗毒的防線，杜絕毒品禍害。

2022 年 10 月 24 日《東方日報》〈仗義執言〉

19.
支援照顧者防止悲劇

日前灣仔發生照顧者壓力「爆煲」案。照顧者疑因不堪壓力，弒長期病患的父親後縱火自焚，事件震驚全港。現時全港約有 30 多萬傷殘人士及至少 110 萬長者需要照顧，再加上不斷增加的長期病患者，照顧責任落在數以十萬計的照顧者身上。他們全天候無間斷地照顧家人，不少更是「以老護殘」、「以殘護殘」。政府支援不足，導致悲劇近年時有發生。

我一直跟進照顧者支援不足的問題，亦接觸過眾多情況艱辛的照顧者，我更曾於深夜接獲求助。對他們身心疲累、絕望無助的處境，我感到非常痛心。惟政府對照顧者的支援零碎且不足，院舍及護理人手長期短缺，照顧者普遍欠缺專業護理知識，求助無門。《施政報告》提出將照顧者津貼額提高至 3000 元，惟金額依然不足，且申請限制多多，將大量照顧者拒諸門外。

李世榮議員日前於立法會中提出《照顧者為本》議案，建議包括推出「照顧者通行證」，憑證可享乘車及購物優惠；提供一站式配套支援服務中心等，並獲一致通過。上述措施相信可在經濟、心理等方面為照顧者提供更多支援。

當局終承諾於明年設立照顧者 24 小時求助熱線。我期望會有部門跟進及轉介個案的配套。政府應從支援機制上作全盤考慮。我建議由政府、服務機構及照顧者按需要，訂立照顧服務協議，讓照顧者獲得專業支援。經歷 3 年疫情，很多照顧者的經濟及情緒已到臨界點，隨時「爆煲」。照顧者不是冰冷的數字，期望官員以同理心檢視對照顧者支援不足的問題，盡快落實推行「照顧者為本」政策，為他們提供及時、適切協助，不要讓悲劇再次發生。

2022 年 12 月 4 日《東方日報》〈仗義執言〉

20.
支援照顧者刻不容緩

據統計，全港殘疾及智障人士人數估計在 65 萬至 68 萬之間。加上人口老化，長期病患者日增，照顧責任往往落在數以十萬計的家屬身上。他們全天候無間斷照顧病患者，不但要放棄工作及私人生活，不少更是「以老護老」、「以殘護殘」。照顧者往往心力交瘁，政府支援不足，以致不時出現因照顧者壓力爆煲導致的倫常慘劇。

我過去多番在議會要求政府正視照顧者需求，亦向局方提出不少建議，但局方一直未有提出應對政策。當局早前表示已委聘顧問進行「香港長者和殘疾人士照顧者的需要及支援的顧問研究」，全面檢視照顧者的需要，同時探討如何整合政府已投放的資源，惟至今仍未公布。

現時照顧者專屬的服務匱乏，政府又未有確切數據統計作政策規劃，

照顧者未受重視。關愛基金於 2016 年展開為低收入的殘疾人士照顧者提供生活津貼試驗計劃，計劃已展開第三期試驗。雖然當局曾向過萬對象家庭發出邀請，但在過去兩期中，能成功申請及獲得津貼者只得 1865 名。

鑑於大批照顧者未獲妥善支援，我與李世榮議員去信福利事務委員會，要求再向當局跟進上述研究報告進度，並盡快把支援照顧者加入討論議程。

2022 年 5 月 26 日《東方日報》〈仗義執言〉

21.
同為罕見病、癌症開新篇

本港的罕見病、癌症患者長期面對診症輪候時間過長、治療藥物昂貴、「有藥冇錢醫」、家屬缺乏支援等問題。政府、社會對他們的支援及關注少之又少。

罕見病泛指患病率極低、患者人數極少的疾病，目前全球已知的罕見病約 8000 多種。香港亦有不少罕見病病例，如白化病、脊髓肌肉萎縮症等。據港大研究指出，全港的罕見病患者總人數達 11 萬。但現時港府並無就罕見病作出定義，因而缺乏系統性支援。海外新藥納入藥物名冊耗時數年，罕病、癌症病人很難等到新藥。即使藥物成功納入名冊，一般患者也未必能負擔高額藥費，造成「有藥冇錢醫」的悲劇。

就罕見病、癌症患者面對的問題，我們認為政府應牽頭組成罕病策略

督導委員會，並制訂罕病定義和名錄；設立綠色通道以減省註冊程序，加快藥物納入名冊及安全網的速度；設立過渡性罕病救助基金；擴大乳癌篩查。我建議當局把國家藥品監督管理局列入認可名單，引進內地新藥，為患者與家人提供更全面、可負擔及有系統的支援。

罕見病、癌症患者及家屬所面對的問題很多，困難重重。期望政府正視患者的需要，盡快落實相關措施，並大力推動本港生命健康科技發展，強化與內地跨境協作，以挽救生命、保障健康為目標。

2022 年 8 月 26 日《東方日報》〈仗義執言〉

22.
建立跨境器官捐贈機制

早前本港一名女嬰獲內地捐贈心臟，成首宗跨境器官移植手術，燃起香港眾多等待器官捐贈之患者的希望。然而，這次案例只屬「特事特辦」，未有恆常機制的情況下，未必所有個案都能及時安排。政府應盡快與內地建立恆常跨境器官捐贈及配對機制。

本港仍是全球遺體器官捐贈率最低的地方之一。雖早在 1993 年立法局已動議要求政府促進器官捐贈，惟至今只有約 35 萬人登記。香港現時有近 3000 名等候器官捐贈的病人，但本地成功移植個案仍停留於雙位數字。1999 年起，更只有 3 宗成功跨境器官捐贈個案。在 2015 至 2019 年間，有 150 名病人在等候器官移植期間病逝。

我上月已就與內地建立恆常跨境器官捐贈及配對機制一事，與立法會議員林哲玄和陳凱欣一同去信政府。我亦在立法會大會上，再次就促進器官捐贈及跨境配對向醫務衛生局局長提出書面質詢。局方雖持開放態度，亦表示會積極與有關單位商討，但認為本港與內地的法規及制度不同，需在設立恆常機制時考慮一籃子因素。我期望政府加緊和內地商討，盡快公布細節及時間表，設立與內地醫療機構分享遺體器官的恆常機制，以增加成功配對器官的機會。

救人如救火，沒有任何事情比挽救生命更重要。對於器官衰竭的末期患者，器官移植是延續生命的唯一方法。若去世的親人仍能助別人延續生命，對亡者家屬亦是一份安慰。我期望政府加大力度推廣器官捐贈，讓更多市民願意參與捐贈。同時希望政府研究修改法例，把現時的「自願捐贈」改為「預設默許」（opt–out），增加適合捐贈器官人士的數目，以助更多病人延續生命，體現大愛。

2023 年 1 月 13 日《東方日報》〈仗義執言〉

發言

1.
《促進兒童醫療服務發展》議案發言

代理主席，我支持顏汶羽議員提出的議案和所有議員提出的修正案。尤其民建聯提出的「兒童醫療券」，我相信有助鼓勵生育，也可以減輕父母的負擔。

其實，香港兒童面對很多問題，無論是眼睛、牙齒或精神健康問題，都非常值得我們關注。今日多位議員提出了多項建議，我希望政府都會聽取。由於時間關係，我想集中談談疫苗接種，尤其是接種 HPV 疫苗計劃。

局長剛才發言時提及，要保障我們的下一代，兒童疫苗接種計劃十分重要。我非常同意，更認為需尤其關注可預防癌症的疫苗接種計劃。

2023 年，女性新增癌症個案有 19500 多宗。其中，子宮頸癌的新增個案約佔 3%，排行第七。如果以發病風險計算，大約每 120 名女性就有一位在 75 歲之前會患上子宮頸癌。關於子宮頸癌，我們都聽說過很多案例。很多都是初期沒有明顯病徵，如果到第四期才發現的話，存活率僅為 16%而已。子宮頸癌由 HPV 病毒引致，因此可見預防感染 HPV 病毒是重中之重。

民建聯婦女事務委員會爭取了 10 多年後，最終爭取到政府在 2020 年開始為小五女生接種 HPV 疫苗。但當年的小六女生已沒有機會受惠，初中女生亦然。雖然疫苗可預防疾病科學委員會在 2022 年年底已向政府建議，為當年沒有接種疫苗的女童——即 18 歲以下的女童、中學生——補種疫苗，政府也曾承諾會行動，但時至今日，我們仍然未見這計劃有任何執行細節，政府也沒有公布何時才會進行疫苗補種。所以，我很想請問局方，何時會向我們提供有關的執行時間表呢？請局方千萬別「走數」。兩年前剛滿 18 歲的女生因為局方延遲行動，到現在還沒受到疫苗的保障。當局會否替她們補種疫苗呢？

另外，談到 HPV 病毒，其實它不單會引致子宮頸癌，也會引致其他癌症，例如口咽癌。意味著除了女童外，男童同樣需要受保障和保護。世衛亦呼籲，男性也應納入 HPV 防治政策，發揮協同保護作用。據世衛統計，全球提供免費接種 HPV 疫苗的會員國中，有超過四成國家已實施男女共同接種 HPV 疫苗。即是說，全球有 57 個國家已經這樣做。

中大最近也刊載了一份文獻，指香港因為 HPV 病毒而引致不同類型口咽癌的比例愈來愈高。HPV 引致的頭頸癌在近 5 年也明顯上升，主要是罹患扁桃腺癌症的數目上升。而在 2010 年至 2020 年期間，平均有三成半以上的口咽癌都與 HPV 有關。由此可見，面對 HPV 引致的癌症，男士和女士

有同等風險。所以，如果要做好兒童醫療發展，我希望政府能夠關注第一道防線，即疫苗注射。政府應該盡快推出同時保護女童和男童的 HPV 免費疫苗接種計劃，與英、美、澳、加等國家看齊。

保障市民健康，尤其兒童健康，是政府應有之義。我希望政府盡快公布女中學生和 18 歲或以下女童補打疫苗的詳情，並且盡快將 HPV 疫苗接種計劃擴展至男性，為學童健康提供更全面保障。

民建聯一直都希望香港可以發展成為一個沒有子宮頸癌的社會，希望政府更加努力。

代理主席，我謹此陳辭。

2024 年 1 月 24 日

2.
《支援有特殊教育需要學生，完善本港融合教育政策》議案發言

多謝主席，我支持郭玲麗議員的原議案及修正案。

主席，本港有特殊教育需要 (SEN) 的學生愈來愈多。根據教育局的數字，2021 至 2022 年度的 SEN 學生人數有 67000 多人，較 10 年前（2011 至 2012 年度）的 36000 多人，增加了 83.6%。這些學生包括聽障、視障、智障、注意力不足、自閉症等不同特殊學習困難，佔整體學生人數的 11%。

部分 SEN 學生的表達與閱讀能力欠佳，通常需要較長時間才能完成讀寫功課。面對這些學童，老師或治療師需要反覆與他們練習和耐心解答問題，因而需要大量人手。我們知道，不論老師和治療師，人手一直短缺，所以我們應該善用科技。數字化技術和 AI 等科技應該都有幫助。眾所周知，AI 經過訓練後，可以隨時解答問題，以及不斷重複作答，正好協助 SEN 學生。我們應該幫助 SEN 學生，透過 AI 等科技工具，解決學習困難。

近年，有不同機構研發 AI 輔助 SEN 學生的項目，例如香港中文大學教育學院早前推出了機械人教學計劃，透過人工智能教導自閉症兒童學前社交溝通技巧，並透過模擬不同情境，教導他們適當的表達方法。

計劃起初利用動畫協助自閉症兒童辨識手勢及動作，其後引入社交機械人，模擬社交對話情境，為自閉症兒童提供訓練。中大未來計劃引入多一款機械人，為自閉症幼兒示範日常生活的恰當行為。此外，有大學生研發了一款專為情緒受困者而設的聊天機械人，以紓緩他們向網上支援平台求助時的輪候情況。他們現正研究進一步運用平台，幫助 SEN 學生溫習功課，提升他們的專注力。另有科技公司與香港研究院合作開發針對 SEN 學童學習需要的 AI 智能系統，利用行為分析，記錄學生表現。通過 AI 進行評估，從

而制定針對個人學習內容的計劃。

新時代教育需要善用科技，所以政府應該積極與企業合作，推進教育科技的發展。發展 AI 需要大量真實數據和信息，供 AI 不斷學習和分析。推廣 SEN 人工智能系統的同時，也可獲取更多學童數據。我一直期望政府與業界和研究院加強合作，制訂教育科技發展指南，在保護 SEN 學生私隱的前提下，推動 SEN 智能學習系統的發展。

我剛才提及的智能教育系統，不單對學校教育重要，對於支援 SEN 學童的家庭同樣有顯著作用。很多家庭面對孩子的教育和生活問題時，總有不少疑惑，不知道如何幫助自己的孩子。想要請教老師和專業人員的話，未必能夠問到；就算能夠問得到，又需要花大量時間或金錢。因此，AI 智能學習系統除了可以為學童提供微觀的學習指導外，也能根據數據，向家長提供學習和生活建議。此過程能令 AI 愈來愈聰明，有效地提供支援。我認為，社署的支援主任或老師應該持續跟進 AI 的有效性及可行性，就學童的學習成果進行專業評估。

我認為，如能善用教育科技的話，將可協助 SEN 學生，所以我非常支持郭玲麗議員的議案。

主席，我謹此陳辭。

2024 年 7 月 4 日

3.
《強制舉報虐待兒童條例草案》二讀辯論發言

代理主席，保護兒童免受虐待和傷害是社會應有之義，也是每一個人的責任。

近年本港出現多宗虐兒事件。勞福局的數字顯示，2023 年新登記虐兒個案高達 1457 宗，創 20 年以來的新高。當中涉及性侵犯的個案高達 509 宗，呈大幅上升的趨勢。

不少個案的案情都令人非常憤怒。在某些個案中，我們看到有人或教師明明看到兒童身上有傷，但並無舉報。亦有如童樂居一案般，有眾多幼兒受虐，但要靠街坊舉報才被揭發。

我們這次訂立的《強制舉報虐待兒童條例草案》（下稱《條例草案》），是為兒童編織全面保護網的重要一環。因此，我一直爭取，也十分支持草案。

《條例草案》主要針對社工、幼兒工作員、兒童住宿照顧者、院舍員工、教職員等 25 類會經常接觸兒童的專業人士，他們最容易察覺虐兒事件。若法例能規範這些專業人士盡快向當局舉報，將有機會阻止虐兒行為，減低對兒童的傷害。

《條例草案》一直具有爭議，其中一項爭議是如何界定「嚴重傷害」。後來政府在《條例草案》第 2 部清楚列明多項會對兒童造成嚴重傷害的行為，相信已經減少爭議。

另外，一直有專業團體表示尚未準備好。我經常問：「究竟要準備到何時？」但我也理解，團體需要有足夠時間進行培訓、檢視和修訂專業實務守則或指引。《條例草案》會在刊憲後的 18 個月才正式實施，雖然我也認為十分遲，但是「遲到好過冇到」。我也十分讚賞政府設立電子學習平台，為相關專業人員提供培訓。平台亦有清晰指引，提供足夠的參考資料及資訊。因此，我十分希望各專業界別都把握好這 18 個月，做好充足準備。政府也要把握時間，做好宣傳和教育工作。

至於罰則方面，原方案引起了許多專業團體的反應。經過法案委員會這一年來多次討論和商討，在黎棟國議員的建議下，政府接納了我們的意見，修改為採用兩級制刑罰。我相信訂立兩級制罰則後，各方都比較容易接納。當然，仍然有人認為罰則太輕，但我認為這 25 類專業人員的專業誠信非常重要，如果他們被判有罪、留有案底，其實會影響其專業資格導致不得再從事原本的專業工作，所以後果已經十分嚴重。我相信現時的罰則已經有一定和足夠的阻嚇力。

至於有聲音表示，《條例草案》一旦通過，可能會出現專業人士濫報的情況。我自己則認為，這些專業人士一定有足夠的能力分辨兒童是否受到嚴重傷害。他們應該會以兒童福祉作為最大依歸，所以其實我一直沒有擔心出現濫報情況，當然我們會繼續觀察。

很多虐兒或兒童性罪行的受害者都會遺下長期的創傷，影響他們的一生。所以除了立法強制舉報虐兒之外，要保護他們，我們還有很多工作要做。

首先，在兒童性罪行方面，香港現時對「性罪行」定義十分狹窄，仍然使用英國《1956 年性罪行法令》作為依據，已經十分過時。以「強姦」的定義為例，現在只是說男性與女性的性行為，未包括男性侵犯男性。而「性交」的定義也沒有涵蓋所有可能。因此，在這種情形下，如果有這種罪行發生，只可以「猥褻行為」入罪。刑罰不足，法例有很大漏洞。所以我認為政府應該盡快更新「性罪行」的定義，和修訂與性罪行相關的條例，也應該盡快制訂具體的法例修訂建議，打擊任何形式的性罪行。

此外，由於《條例草案》只針對專業人士，見疑不報的情況其實並未解決。所以我們一直都向政府爭取訂立「沒有保護罪」，進一步保護兒童和容易受傷害的成年人。在受父母、照顧者或其他人照顧的期間，如果因為虐待或忽略而遭受嚴重傷害，見疑不報也要負上刑事責任。

目前，如果不幸發生虐待兒童案件，舉證往往非常困難，因為兒童不懂表達。尤其是當涉及家庭成員犯案，他們可能為了維護家人而不開口。「沒有保護罪」正好可以處理這種情況，加強保護兒童。

另外，《條例草案》也只針對 18 歲以下的人，18 歲以上精神上無行為能力的人仍然未受保護。例如在 2014 年，康橋之家前院長張健華涉嫌性侵智障女院友而被刑事起訴。只因為女事主無法親身上庭作證，而其錄影證詞又不能作為證據使用，所以只能無奈撤控。現時尚未能將犯人繩之於法。

因此，我一直要求政府放寬「傳聞證供」部分呈堂的限制。當符合一些條件，可以在受害人沒有出庭的情況下讓「傳聞證供」作為有效的證據，加強保障性罪行的受害人。我希望政府可以盡快完成相關的修例工作，保護弱勢人士和有特殊需要人士的權益。

要保護兒童免受傷害，我們經常說立法是最後的手段。預防一定勝於治療。虐兒的成因確實可以十分複雜，最重要的是我們可以及早識別高危兒童，為他們提供足夠的支援。

我曾處理多宗跟虐兒有關的家庭個案。有一宗個案涉及一名單親媽媽，她離婚後面對沉重的家庭和經濟壓力。她不懂得照顧孩子，孩子又有點過度活躍，所以當孩子頑皮時，她只懂得打他和將他趕出門外。然而，與他們交談後，我知道其實這位媽媽十分愛錫孩子，她並非想虐待孩子。經輔導後，他們終於和解，她亦學會如何面對和照顧孩子。問題是可以解決的，視乎我們能否找到問題所在，以及可否及早提供協助。

虐待、性侵影響會伴隨受害人終身。這些個案一宗都嫌多，社會一定要採取「零容忍」的態度。我上述提到的立法建議都是針對不同情況。我們如何可以進一步、更全面地保障兒童和精神上無行為能力的人？我希望政府可以認真研究採納和盡快落實建議。

就立法和宣傳教育等工作，我希望在所有專業人士和社會各界人士的共同努力下，可以保護香港的兒童免受傷害。

代理主席，我謹此陳辭。我支持《條例草案》。

2024 年 7 月 11 日

4.
《推動香港女性全面發展》議案發言

主席，我發言支持和感謝陳曼琪議員提出《推動香港女性全面發展》原議案，以及黃國議員和陳家珮議員提出修正案。民建聯支持原議案和所有修正案。

主席，我擔任了民建聯婦女事務委員會主席已經 10 多年，長期為女性發聲。今天原議案的其中一個重點，就是希望政府設立一位專員，專職專責地處理婦女事務。我認為必須設立婦女事務專員。當然，我不認為有了專員就會「萬事大吉」，甚麼事情也能做到。但根據我以往與政府接觸、爭取婦女權益的經驗而言，如果有一位專職專責的專員作出統籌和協調，事情可能會事半功倍。

香港的婦女豈只能擔起「半邊天」呢？香港婦女佔人口超過一半，很多婦女努力地工作，努力地做好本分。持家有道，要照顧長輩，也要照顧家庭、照顧兒女。其實，很多婦女亦希望可以發揮自己所長，發展自己的事業。但是，她們均面對很多不同的問題。

我們經常就不同的婦女議題發聲。以我的經驗為例，我們不斷為婦女的健康發聲，全力爭取全民乳癌篩查，亦爭取免費接種 HPV 疫苗，以預防子宮頸癌，希望香港成為沒有子宮頸癌的城市。很多年長婦女都面對骨質疏鬆的問題，所以我們也就這方面提出建議，希望增加婦女健康檢查服務等。這些全都屬於衞生範疇，所以我以前接觸的較多是醫務衞生局。然而當年的食衞局其實不會將婦女問題放在首位，因為它要處理的工作太多。在過去幾年，我們逐步爭取到一些成果，但過程是漫長和痛苦的，因為要花費 10 多年，才能爭取到我們想要的事情。

很多婦女在年輕時為事業、家庭拼搏，所以延遲了生育計劃。直到年紀漸大，可能三、四十歲了，事業穩定，希望生育的時候才發現已經是高齡產婦。民建聯是最早在議會內提出希望政府可以增加資助，輔助生育服務的政黨，因為我們知道，很多女性即使年紀稍大也希望生育，其他地方的政府亦支持卵子銀行服務。我們認為卵子冷凍服務很有需要。婦女可以在年輕時冷凍卵子，當她們年紀大了，希望生育時就可以用得到。此外，如果現時在公立醫院排期接受輔助生育服務的話，最少需要輪候 18 個月。私家醫院的費用昂貴，最少需花費十多二十萬元。所以，此舉對提高生育率和支持婦女建立家庭都十分重要，但政府一直沒有正視。

我們亦希望政府可以增加幼兒託管服務，讓有意工作的婦女可以無後顧之憂。這樣她們才膽敢生育，否則只可以在生育和工作之間抉擇。可惜現時有關服務是不足夠的。

我們亦長期關注針對婦女的性暴力、性騷擾和家庭暴力的問題。在這方面，我們要與另一個政策局商討；就剛才的婦女就業問題，又要與另一個政策局商討。我們也認為單親家庭的離婚支援服務是不足的，但就這方面，又需要與另一個政策局商討。大家可以想像，單是婦女事務，我要接觸 4 至 5 個政策局，以商討不同的婦女事務。所以，如果設有婦女事務專員的話，我相信可以讓婦女事務做得更理想。

我相信香港的婦女絕對可以發揮所長，為香港和國家作出更大貢獻，希望政府聽到我們婦女的聲音，設立婦女事務專員。

主席，我謹此陳辭。

2023 年 5 月 11 日

5.
《支援輔助生育政策》議案發言

多謝代理主席。我支持林琳議員的原議案及所有修正案。

香港的生育率為全球最低，已是不爭的事實。去年香港夫婦平均子女數目已達 0.8 名，屬新低點。民建聯婦女事務委員會多年來要求政府推出支援輔助生育的政策，而政府當然也有很多想法。

近年，政府在《施政報告》中提出多項鼓勵生育措施，我們也很歡迎。譬如新生嬰兒獎勵金、扣稅、公屋優先安排、增加公營輔助生育服務等，其實都是好事，而這些措施也能起一定作用。例如截至今年 1 月，新生嬰兒獎勵金計劃已接獲 4600 多宗合資格申請。亦有不少年輕家庭表示，因為有了獎勵和可以加快「上樓」時間，所以都會考慮生育。

然而，有機構早前進行問卷調查，結果顯示港人生育意願繼續處於低水平，僅 26%港人有意願生育。雖然比去年稍微回升，但對比 2017 年的 72%仍然有很大差距。香港人為何不想生、不敢生、生不到，政府需要直視和面對。所以，我們希望政府可以有更積極進取的措施，鼓勵市民生育。當然包括住房安排、經濟補貼、輔助生育服務等。

由於時間有限，我想集中談談輔助生育的問題。我們明白，很多醫生認為或正如局長所說，應「有仔趁嫩生」，因為所生的孩子都會較健康。但我認為大家也要面對現實，便是香港現時普遍遲婚。不是女性不想結婚，而是她們沒有找到結婚對象。很多女性在年輕時都要為事業拼搏，未必遇到可以結婚生子的人。現時女性的平均結婚年齡已經超過 30 歲。所以 10 年的儲卵期限，對她們來說是沒用的。因為一旦超出期限，卵子便不能用，直到 30 多歲或接近 40 歲想生育時，儲存的卵子已經不能用。

為何其他地方，例如美國、台灣地區都沒有年期限制，而我們的儲卵期限是 10 年呢？政府會否放寬卵子的保存期限至 30 年，讓婦女有更寬鬆的人生規劃空間，到她們想生育的時候，真的可協助她們生育，而不是鼓勵她們不生育？

婦女即使在 30 多歲找到結婚對象，結婚後也不會立刻生育，可能需有一段時間作經濟上、身體上的準備和安排，所以很多婦女會是高齡產婦。或一些婦女真的很想生育時，已經有困難，於是便接受人工受孕。我們明白當局在公共醫院已經增加有關服務，但輪候時間仍然很久。我們希望政府增加這方面的服務。而且，女性年齡上限可否放寬？因為我們知道很多 40 多歲、接近 50 歲的女性其實仍然可以生育。

另外，我們覺得中西醫結合也非常重要。所以希望加強中西醫結合的輔助生育服務，協助婦女有機會生育。

當然，要鼓勵生育，政府的措施亦要精準。如果解決不到房屋、經濟等基本問題，可能很多人都不願意生育。我們認為最低限度要加強輔助生育措施，令有一定經濟基礎的婦女，如果仍然想生育，也能獲得協助，這點是最重要的。希望政府聽到我們的聲音。

代理主席，我謹此陳辭。

2024 年 6 月 20 日

6.

《制訂全面人口政策》議案發言

代理主席，我發言感謝和支持梁毓偉議員提出的《制訂全面人口政策》議案，亦支持所有修正案。

習近平總書記在《二十大報告》強調，中國要優化人口發展戰略，建立生育支持政策體系，降低生育、養育、教育成本。今日香港面對生育率「超低」現象，總和生育率於 2021 年跌至 0.77，屬全球最低。香港人口老化、社會高齡化問題亦相當嚴重，據政府統計，香港 65 歲及以上人口的比例將由 2011 年的 13% 升至 2041 年的 30%。所以，香港必須制訂全面人口政策，其中首要的是鼓勵生育，協助希望生育的女性及家庭解決問題。

其實很多香港女性都想生育孩子，但卻面對要麼不敢生育、要麼無法生育這兩大難題。為何不敢生育呢？生育孩子當然要考慮很多因素，香港女性身兼數職，既要照顧家人，亦要外出工作，沒人幫忙照料又怎敢生育孩子呢？此外，她們亦要面對居所細小及養育開支大的問題。在沒有錢、沒有地方、沒有時間照顧的情況下，本港女性要生兒育女，絕對是極不容易。

特區政府聲稱生育是家庭的決定，堅持不宜過分干預。然而，全球現時有不少地方其實都推行現金津貼、稅務優惠，制訂家庭友善政策、生育科技等措施，鼓勵國民生育。例如新加坡早前公布加碼鼓勵生育措施，家長每生育一名嬰兒可獲現金獎勵達 11000 新加坡元，折合約 65000 港元。要提升本港生育率和市民的生育意願，政府需要訂定具針對性的措施，提供更多鼓勵生育的政策支援，例如我們已討論多年的增加託兒服務、提供育兒津貼、制訂家庭友善政策等，為女性生育提供更有利環境。

也有很多女性希望生育，但卻無法如願，為甚麼呢？因為很多香港女性要在年輕時發展個人事業，到了 30 多歲才談婚論嫁。即使能覓得對象，也並非表示她們可立即生育。大多都要先花上數年儲錢，屆時可能已年屆 35 歲或以上，生育能力普遍下降。所以，近來愈來愈多夫婦要使用輔助生育科技，例如人工受精和體外受精等。

但是，她們卻又面對兩個問題，其一是政府資助的公營輔助生育服務需要輪候 10 至 30 個月不等。對於已經很焦急，年屆 30 多歲甚至接近 40 歲而又想生兒育女的婦女而言，長達 30 個月的輪候時間是否接受得了？等不及的便要考慮使用私營服務，但服務收費卻高達十多二十萬元。正如林琳議員多次跟我們說，她的孕肚是以 20 多萬元換來的，試問多少人能夠負擔得起？有些婦女卵子質素欠佳，若想及早雪藏卵子，費用亦不菲。取卵時要先行支付 6 萬元至 10 萬元，待成功雪藏卵子後更要每年支付過萬元雪藏費。即使在 20 多歲開始雪藏卵子，由於政府規定只可存放 10 年，10 年後年屆 35 歲，想生育時卵子或已不能使用。

局長早前曾指出使用有關服務的人很少。在 2015 年至 2021 年間，儲存的卵子數量增長了 15 倍，反映婦女對凍卵服務有需求，但香港的公立醫院只為患有癌症或有特別原因的病人提供服務，而且規定只能保存 10 年。反觀美國、台灣等地，保存卵子並無設定限期，可以保存一輩子，為何香港不可以呢？所以，我建議政府增加輔助生育服務，支援婦女，讓她們可以安心生育孩子。

代理主席，應對當前香港人口結構帶來的一系列嚴重問題，政府有必要深入研究及制訂全面人口政策。除了鼓勵生育外，在房屋、教育、引入人才及安老政策方面都要多下工夫，為保障社會長遠發展做好規劃。我期望政府可認真研究上述建議。

代理主席，我謹此陳辭。

2023 年 5 月 31 日

7.
《家事訴訟程序條例草案》二讀辯論發言

香港的離婚率非常高，近年亦不斷上升。根據政府的統計數字，2019 年本港離婚率已經達到 48%，2020 年更超過 50%，即是每年差不多有 2 萬宗離婚個案。

我來自單親家庭，我親身經歷過家庭發生巨變的痛苦和傷痛。不止是離婚雙方感到痛苦，孩子同樣會感到十分彷徨無助。所以，家事法庭的原意和初心，也是希望幫助離婚家庭解決問題，協助這些家庭渡過人生最低潮。所以，對於今次的《家事訴訟程序條例草案》(下稱《條例草案》)，我是十分支持的。因為《條例草案》十分清晰，就是希望可以簡化相關程序和規則，以及希望在精簡程序之後，家事和婚姻訴訟可以沒那麼繁複，幫助更多人。

我尤其關心將會成立的家事訴訟程序規則委員會，期望能制訂一套家事訴訟程序的新規則。我們在法案委員會上，已經反映一些家庭的意見。我在此想表示，關於家事訴訟程序規則方面，希望可以改善不同步驟和措施，以幫助更多人。尤其是家庭完成第一場官司之後，可能需決支付贍養費。但如果對方拒絕或不支付贍養費，離婚雙方可以怎樣做呢？根據現行法例，可以用強制方式執行贍養費的法庭命令，包括用判決傳票、扣押入息命令，以及使用禁止令。但是，我接獲很多不同意見，尤其是單親母親，反映這些步驟大部分也是無法執行的。為甚麼呢？

我且逐項說明，首先是判決傳票。假設丈夫拒絕支付贍養費，妻子可向法庭提出追討。但是先要發傳票給他，如果無法給他傳票、或是找不到這位當事人，就無法追討。加上有一種情況是，當事人刻意躲避，令離婚配偶找不到對方。根據現行法例，如果欠款已逾期超過 12 個月，法庭可能拒絕執行付款命令。我們曾接獲這類個案，一直找不到當事人，無法向當事人發出傳票，超過 12 個月才能找到。法官認為既然在這 12 個月沒有贍養費也生活得到，故此已沒有需要向當事人追討，於是結案，結果判當事人無需支付贍養費。大家認為這是否荒謬呢？這是一宗真實個案。很多人也面對類似問題，所以有關規則是需要修訂的。

要是發出新的付款命令，便一定要找到當事人，但很多時候也是找不到。如果辦離婚時找不到對方，可以登報通知。但贍養費令卻必須找到當事人，並把命令給予當事人才可以執行。這亦是一個問題。

假設丈夫不支付贍養費，其實亦可以透過發出扣押入息命令追討，但扣押入息命令又面對甚麼問題呢？第一，要找到離婚丈夫的僱主，要知道誰是他的僱主，然後將扣押入息命令交給僱主。扣押入息命令其實是要求僱主將當事人的收入來源扣起一部分並交給指定收款人，但如果找不到僱主，不知道誰是他的僱主便已無法做到。第二，即使執達吏找到當事人，又找到他的僱主，但當事人不承認自己是當事人，執達吏又無權檢查他的身份證。只要他不承認那是他的僱主、自己又不是當事人，便無法發出扣押入息命令。當中存在很多漏洞。

假設找到當事人，但原本每月要支付 10000 元，他只支付 1000 元，只支付一部分；要追討的話，便要再找他出庭。但他又可能不出庭，這樣拖拖拉拉，可以拖延一年半載都不支付贍養費。甚至有些十分無良的當事人，會在上庭前辭職，然後告訴法官自己沒有收入。沒有收入便可「大條道理」，不用支付贍養費。

另外是禁止令。雖然可以禁止當事人離開香港，但如果當事人已經離開香港，例如已經出境返回內地，就不可以作出拘捕和追討的。總的來說，有法例也沒有用，就是無法執行。因此，即使家事法庭更改有關程序，能否真正幫助離婚家庭呢？妻子拿不到贍養費又可以怎麼辦呢？便是申請綜援。但是，由於法庭已判決可以取得贍養費，應該會有收入，所以無法申請綜援。如果她要申請綜援，便要出示她曾向法庭提出追討申請的證明。要向法庭提出追討申請，即表示又要再排期，接著要傳召她的前夫出庭，但找不到前夫，就無法上庭，一直無法取得證明，贍養費的命令有也等於沒有。她無法取得有關證明，又無法申請綜援，日子怎麼過呢？

現今漸漸普遍的一個現象是，即使獲判贍養費，但知道對方一定不會支付，所以便說自己只要1元，然後申請綜援。因為申請綜援最少能確定每個月有多少收入，可以養活自己和孩子、可以生活得到。最近香港單親協會曾進行電話調查，訪問了百多個單親家庭。90%的離婚配偶也是直接申請綜援，不領取贍養費。因為大多認為不會領取得到，不是對方支付不起，而是知道不會追討得到，所以便申請綜援。

綜援其實也是公帑，我們是否要用公帑幫助這些不負責任的當事人，照顧原本應該由他們照顧的家庭呢？每年究竟要花費多少公帑，以綜援來支援這些原本有權領取贍養費，但實際拿不到贍養費的家庭呢？

我們一直希望政府可以成立一個專責單位，例如是贍養費管理局、贍養費局，甚至由稅務局負責也可以。除了保護家庭外，最重要是從保護兒童的角度出發。大家可以想像，一個有小孩子的家庭，突然沒有任何收入會有多彷徨？沒有錢買校服、書本，沒有錢參加課外活動。

如果想保護兒童和他們的家庭，便要想一想如何能幫他們生活。很多地方也有不同的方法。一些強硬的手段是，除了不讓當事人出境之外，稅務局可以從當事人的稅款中扣除贍養費，可以凍結銀行戶口、車牌等，採取不同手段，以追討贍養費。

政府已多次回答我們，不會考慮成立專門的贍養費局，為甚麼呢？因為每年只有數千人需要領取贍養費，不值得成立一個機構去幫助他們。但是，香港每年有 2 萬多個離婚家庭，累積已有數十萬個離婚家庭陷入贍養費的問題。他們沒有找當局幫忙，是因為知道當局幫不了忙。如果有一個機構可以幫助他們，既可減少法庭的負擔，也可幫助這些家庭，並減少不必要開支。

所以，我十分希望透過修訂《條例草案》，可以在這個議會中告訴官員：要幫助離婚家庭，不止是修訂這項法例，還有很多、很多工作可以做。

我謹此陳辭。

2023 年 6 月 21 日

8.
《加強推動樂齡科技，提升銀髮族生活質素，應對人口高齡化》議案發言

多謝主席。首先我感謝吳傑莊議員提出《加強推動樂齡科技，提升銀髮族生活質素，應對人口高齡化》的原議案及各位議員提出的修正案，我支持原議案和所有修正案。

今日香港的人口高齡化趨勢愈見明顯。據政府統計，2022 年香港人年齡中位數已升至 46 歲，65 歲及以上人口按年增 5.6%。其餘年齡層則下跌約 1%至 4%，愈年輕的人口下跌愈多。本港高齡人口的平均預期壽命屬世界最長，截至 2020 年，男性為 82.9 歲，而女性為 88 歲，必須正視人口高齡化問題。國家主席習近平在七一講話的時候，亦提醒我們要讓「年紀大了得到的照顧更好一些」，所以我認為善用樂齡科技有助更好地照顧老人家。

現時樂齡科技的政府基金主要是供院舍申請，所以不論是照顧者或是居家安老的長者，都無法申請。我們看到需求其實很殷切，尤其是一些雙老家庭、「老人家照顧老人家」的家庭、「以殘護老」的家庭或獨居長者，他們在缺乏支援下容易發生悲劇。近日，我們留意到不同悲劇又再發生，例如高齡的傷殘女士與年邁老父同住，失聯數日後被發現兩人雙雙倒斃；又有獨居長者死後多月才被發現。很多長者也擔心自己在家跌倒失救或死了很久也無人知道，這些都是很悲涼的故事。

如果政府鼓勵這些高危長者使用樂齡科技，並提供更多協助，可能可以防止悲劇發生。我曾接觸過一些個案，一些住在公共屋邨的長者礙於房屋設計，難以使用樂齡科技。例如走廊很狹窄或入屋門檻很高，浴室前也有門檻，令電動輪椅既進不了屋，也進不到浴室。浴室又太小，電力又有問題，

難以安裝自動沐浴機等。所以，我建議政府未來的房屋設計要考慮如何善用科技，以及如何在長者現時居住的房屋中得到改善。

我們留意到政府近年十分努力推動樂齡科技，在 2018 年撥出 10 億元設立「樂齡及康復創科應用基金」。2023 年推出長者社區照顧服務券，並擴展至租借輔助科技產品。

但是，民建聯在 2022 年進行民調，結果顯示超過七成受訪者表示沒聽過樂齡科技；有近九成受訪者不知道租借樂齡科技服務。很多受訪者表示使用樂齡科技的價格太貴，以及害怕不懂得使用。有些長者告訴我，就算有平安鐘也沒有用，因為想「慳得一蚊得一蚊」。

所以如果我們要幫助長者使用樂齡科技，我會建議政府擴闊樂齡及康復創科應用基金的適用範圍，除了資助合資格的安老及康復服務單位，還擴展至個人申請以及有特殊需要兒童；進一步增加醫療券的資助金額，容許長者使用醫療券購買或租借樂齡科技產品；增加地區培訓和講座；更大力推動樂齡科技的研發，讓更多本地研發的樂齡科技都可以「落地入屋」。

現時已有很多這類產品可供使用，最重要是政府是否能大力推動。我也希望政府善用大數據、人工智能等技術，提升對銀髮族的服務，提升他們的生活質素和自理能力，讓他們真切感受到幸福感和獲得感。

主席，我謹此陳辭。

2023 年 5 月 24 日

9.
《縮短公立醫院專科門診輪候時間》議案發言

代理主席，民建聯今年 6 月份曾與社企合辦免費 3D 乳房造影健康檢查計劃，為正在公立醫院放射科輪候乳房檢查半年以上的婦女提供一次免費 3D 乳房造影檢查。計劃推出後，幾星期內已有百多人報名，參加的婦女大多需輪候 2 至 3 年，有個案是 2021 年開始排期，需要輪候 5 年，到 2026 年才可檢查。

乳癌是香港婦女的頭號殺手之一，那些要做 3D 乳房造影檢查的婦女通常已被發現有初期乳癌跡象。但要輪候 5 年。大家試想像，乳癌是否 5 年都不會惡化呢？現時醫管局推行的公私營協作放射診斷造影計劃並不包括乳房 X 光造影檢查。其實坊間的硬件及軟件亦有足夠支援，因此我建議醫管局把該項檢查納入協作造影計劃之內，加快婦女進行乳房造影檢查的速度，縮短輪候時間。

另外，以乙型肝炎為例。香港估計有多達 54 萬人感染慢性乙型肝炎，佔總人口近 8%。如果任由肝炎惡化，很大機會演變成肝癌。乙型肝炎和肝癌初期的病徵並不明顯，所以肝癌患者在確診時，有很多已經屬於肝癌晚期或末期。如果我們能夠及早透過社區篩查檢驗出病徵，以及定期監察肝臟情況，並由家庭醫生適時及定期介入治療，不但能降低乙肝惡化成癌症的機會，亦能減輕專科門診的負擔。

今年《施政報告》強調重點發展基層醫療。歸根究底，要減輕專科門診的輪候時間，我們要全方位增加醫護人手，但今日沒有足夠時間，我不在此詳述。最好的方法是由預防工作做起，可惜的是一如我剛才所說，地區康健中心均沒有提供乳房造影檢查、骨質疏鬆檢查、乙型肝炎或糖尿腎的篩查項目。而公私營協作模式也不包括這些檢查。因此，若我們能讓地區醫療衛生專業人員支援市民，預早了解自己的身體狀況，多做篩查、檢查，一定有助減低專科的輪候時間。長遠而言，我們亦可以在地區康健中心及地區協作上多做預防疾病的措施，例如可以做不同的疫苗接種計劃。有很多市民跟我們說，政府沒有奉行「預防勝於治療」的理念，而是迫市民由小病拖到變大病，等不及的市民就得花錢看私家醫生。所以我認為政府應該投放更多資源在不同疾病的篩查項目，以免市民被迫拖延病情，令健康真的得到保障。

代理主席，我支持梁熙議員的議案及所有的修正案，我謹此陳辭。

2022 年 10 月 26 日

10.
《全面檢視、完善本港牙科服務制度及人手需要》議案發言

主席，我發言支持陳恒鑌議員提出的《全面檢視、完善本港牙科服務制度及人手需要》議案，亦支持其他議員的修正案。

去年 8 月我們經常在新聞中看到，有很多長者和基層市民冒著強風暴雨，在健康中心外通宵等候牙科街症派籌。其實通宵輪候「脫牙籌」這種情況，在九龍城、荃灣、元朗等多間政府牙科診所都曾出現。長者捱更抵夜排隊數小時，都是為了「慳得一蚊得一蚊」，希望能得到治療而已。香港這麼富裕的城市，但竟然出現如此現象，我覺得非常痛心。

其實長者對牙科護理的需求一直都很大，但公營牙科服務卻長期嚴重不足，牙醫人手非常短缺。香港每 1 萬名市民只有約 3.7 名牙醫，比其他國家和地區低得多。很多議員剛才發言時已指出，現時衞生署轄下 40 間牙科門診中心，都是以照顧公務員和家屬為主，只有其中 11 間診所每月開放合共約 4000 個免費名額給大眾。即使老人家千辛萬苦拿到籌後，也不代表可以徹底根治。因為診所只會幫他們脫牙，以及進行一些止痛、緊急的牙科服務，但其中不包括補牙和鑲牙。而且每次脫牙也只會脫一隻，如果需要脫兩隻或以上，便要重新排隊逐隻脫。大家覺得這是否合理呢？

我認識很多基層長者，可能從來沒看過牙醫，從來沒有洗過牙。很多基層市民從小到大對牙科保健的知識非常不足，只可「忍得就忍」，經常不看牙醫。為何不看牙醫呢？因為無法排隊，或者要工作，根本沒有時間排隊，加上看私家牙醫非常昂貴。我們回看 2016 年的數字，最低收入群組中的長者有四分之三沒有看過牙醫，90%的人不會定期檢查牙齒。這些都是不可接受的數字。另外，私家牙醫收費太高昂，洗牙收費由數百元至 1000 元不

等，植牙服務可能每隻牙達一兩萬元。基層市民根本負擔不起，政府提供的津貼和資助亦幫補不了多少。如果領取綜援，牙科治療津貼則可幫助支付相關費用。但很多基層市民未必領取綜援，那怎樣可以幫到他們呢？

我多年來一直關注剛才提及的問題。早於 2013 年，我已經要求政府擴大公營牙科服務。2019 年，我們亦提出書面質詢，要求政府優化公營牙科服務，但政府一直以來的答覆都未能滿足議會及社會的期望。民建聯於上星期日發表了《牙科服務發展藍圖暨公營牙科服務政策倡議書》，當中提到一些短、中、長期的措施。我們建議政府增設可供在本地及跨境使用的 2000 元長者牙科專項醫療券。此外，我亦一直表示，政府應盡快增加非本地培訓牙醫來港執業的許可試，並修改法例，引入非本地培訓牙醫，以加快補充牙醫人才。另外，我們亦希望善用和增加牙科治療師的編制和職能，增加牙科街症服務。我們認為應該將牙科醫療服務納入常規公營醫療系統，為市民提供牙科護理的安全網。陳恒鑌議員建議設立牙科流動車，以服務各區市民，我認為非常好。大家都知道「牙痛慘過大病」，所以我在地區服務時，最怕就是看到市民、長者的牙齒全部脫落，又或者牙痛得吃不下東西，因而鬱鬱寡歡。所以，我希望政府真的要急市民所急，關心長者的牙疾問題，提供適切的牙科服務。希望政府聽到我們的聲音後，能盡快修訂法例。

主席，我謹此陳辭。

2023 年 1 月 12 日

11. 《落實與內地的器官移植合作》議案發言

主席，我感謝和支持林哲玄議員提出《落實與內地的器官移植合作》議案。

主席，香港現時每天有超過2500名等候器官捐贈的病人。對他們來說，獲得器官捐贈並進行移植，是他們唯一的生存希望。然而，本港現時是全球遺體器官捐贈率最低的地方之一。中央名冊設立至今，仍只有35萬多人登記。近年患者的輪候時間愈來愈長，平均等候時間最少也要數年。同期，有約150名病人便是在等候移植期間不幸病逝。

早前，患有急性心臟衰竭的4個月大女嬰芷希，獲得內地家庭無私地捐贈心臟，並成功移植，成為首宗本港病人使用來自內地的器官移植個案。這為不少在香港等待器官捐贈的患者帶來很大希望。

我在去年年底聯同林哲玄議員和陳凱欣議員一起去信政府，要求政府進一步落實本港與內地器官捐贈、配對、運送與移植合作的恆常機制。我很感謝盧局長、政府官員及醫管局與內地積極跟進，將香港的醫院納入「中國人體器官分配與共享計算機系統」。

醫管局日前指出，內地每年有17000宗器官移植個案，但約1100宗無法配對。若建立了恆常互助機制，內地如果有未能成功配對的捐贈器官，就可以救助香港合適的病人；而香港的情況亦適用。這樣便可以讓更多非常急切需要器官移植救命的病人得到幫助，所以我希望能盡快設立這個機制。

可是，近月有很多人在網上抹黑這個機制。這些人在網上惡意散布虛假言論，是相當可恥和冷血的。他們造謠「市民會被自動納入器官捐贈名冊」，煽動網民不論之前有否登記，一律要到政府網站取消捐贈，否則他們的器官會被捐到內地。結果有幾千位市民可能被誤導了，無論之前有否登記過，都到網站取消登記捐贈。

之後他們又以紅十字會血庫為攻擊目標，又造謠指「市民捐出的血，會給私家醫院為國內人做手術賺大錢」，從而煽動網民停止捐血。我們的血庫也是告急的。這些惡意謠言，有可能令急需器官捐贈的病人錯失配對機會，危害生命。亦有機會令本地血庫存量進一步降低，嚴重影響本地的醫療系統。

主席，救人如救火，我期望政府能盡快落實與內地建立恆常化器官移植互助機制。政府亦應加強宣傳教育，加大力度推廣器官捐贈文化，鼓勵更多市民參與捐贈，讓更多病人可以延續生命。我亦懇請大眾市民支持器官捐贈，捐血救人。

主席，我謹此陳辭。

2023 年 5 月 25 日

新聞稿

1.
與鸚鵡拍片呼籲保護動物

葛珮帆日前和郭秀雲和她的鸚鵡「小朋友」——純白色的 Ola、色彩繽紛的金剛鸚鵡 McFly、膽小多嘴的綠寶，一同拍片呼籲社會保護鸚鵡。三位小朋友在她們手臂上「郁來郁去」，非常活潑可愛。

葛珮帆與郭秀雲一向愛護動物，過去十年經常合作保護瀕危野生動物，包括呼籲市民停止食用魚翅，保護瀕危鯊魚，及為保護瀕危大象推動立法禁止象牙買賣。

葛珮帆是潛水教練，特別關注海洋生態。她因不忍殺生已茹素 30 多年。她於 2007 年創辦了節能及環境關注聯盟，而郭秀雲早年成立了海峰環保教育基金，兩個非牟利組織經常舉辦活動，向大眾宣揚關注瀕危動物及保護環境的重要性。

郭秀雲表示，不少鸚鵡品種都是瀕危及受保護物種。但與外國情況不同的是，本港市民太輕易就能購買鸚鵡。有些朋友在購買之前並未了解鸚鵡的習性，不知飼養鸚鵡殊不簡單。衝動購入會帶來很多問題。鸚鵡可以非常長壽，有紀錄顯示，金剛鸚鵡壽命可逾百歲。因此飼養鸚鵡是承諾，亦可以是跨代傳承。

時下鸚鵡走失的情況十分嚴重。拍攝當日，短短兩小時內郭秀雲便收到好幾通求助來電。她呼籲愛雀之人要衡量鸚鵡的學習行為及能力，太多戶外因素會使鸚鵡受到驚嚇而飛走，造成意外。儘管有人指：「隻雀識飛，駛乜你救？」但郭秀雲指出，鸚鵡大多被馴養在家中，早已不擅長飛行。香港有不少野生動物，例如單是港島區就有超過八百隻獵鷹，鸚鵡走失後隨時置身於危險之中，淪為獵物。所以飼主需小心謹慎，多加注意安全。

葛珮帆認為鸚鵡是聰明活潑的動物。雖然可愛又「黐身」，實際上比起養貓狗，更要花時間照顧及呵護，呼籲市民飼養前需「諗清諗楚」。如果決定成為家庭成員一分子，就必須用愛心照顧一生，切勿隨意棄養。

葛珮帆亦對郭秀雲計劃成立的新組織「香港鸚鵡救援」表示支持。她期望更多愛護動物的市民能加入隊伍，成為義工。未來仍有很多動物保護工作需要跟進及處理，她亦會繼續在議會敦促政府加強保護本地動物，歡迎市民就保護動物及鸚鵡問題提出寶貴意見。

2022 年 10 月 24 日
「與鸚鵡拍片呼籲保護動物」新聞稿

2.
支持政府立法打擊「太空油毒品」呼籲青少年遠離毒品

立法會議員葛珮帆指，近日俗稱「太空油」的新興毒品引發社會廣泛關注。她全力支持政府針對太空油毒品立法，並呼籲家長及學校留意情況。青少年更必須提高警惕，絕對不能接觸或吸食此類毒品。

為遏止「太空油毒品」的濫用，政府將於 2 月 14 日修訂附屬法例，將依托咪酯及其三種類似物列為危險藥物，並即時刊憲生效。修例後，如管有含依托咪酯的「太空油毒品」，最高可被判監 7 年及罰款 100 萬元，而販賣此類毒品更可被判處終身監禁及最高罰款 500 萬元。葛珮帆相信此舉將有效打擊「太空油毒品」的供應鏈，並對潛在的吸毒者起到阻嚇作用。

「太空油」的主要成分為依托咪酯，是一種強效鎮靜劑，現時已被列為《藥劑業及毒藥條例》下的第一部毒藥，需醫生處方才能使用。非法供應或使用依托咪酯最高可被判罰 10 萬元及監禁 2 年。然而，由於吸毒者通常透過電子煙吸食「太空油」，讓許多人誤以為其危害性與普通電子煙相似，導致濫用情況迅速蔓延。為此，政府已將此物質正名為「太空油毒品」，以明確其毒性及嚴重程度。

葛珮帆指吸食「太空油毒品」會導致成癮，並引發噁心、失去知覺、喪失記憶等嚴重後果。本港至今已錄得三宗懷疑涉及「太空油毒品」的致命事故，情況令人憂慮。根據最新數據，2024 年共有 300 宗吸食「太空油毒品」個案，其中 226 人為 21 歲以下青少年，與 2023 年的兩宗相比，數字顯著上升，反映青少年濫用毒品的問題日益嚴重。

葛珮帆認為，禁毒工作除立法打擊外，亦需要全社會共同參與。每一次新興毒品的出現，毒販往往以未成年人為目標，利用他們的好奇心。她呼籲家長、學校及社會各界必須警惕這種情況，加強對青少年的禁毒教育，讓他們清楚認識「太空油毒品」的危害性，提醒青少年遠離毒品，並及早介入，防止更多青少年誤入歧途。她鼓勵有需要的人士及早求助。

葛珮帆亦呼籲社會各界積極發放及廣傳反「太空油毒品」的訊息。只有通過共同努力，才能有效應對新興毒品的挑戰，保障青少年的健康與未來。

2025 年 2 月 12 日
「支持政府立法打擊『太空油毒品』呼籲青少年遠離毒品」新聞稿

3.
釋放婦女勞動力倡議書及婦女再就業調查結果

香港女性的勞動人口參與率普遍較其他已發展國家低。為應對香港現在及未來老齡化社會的人力資源需要，釋放婦女勞動力成為近年社會討論議題。民建聯政策委員會轄下婦女事務委員會主席葛珮帆表示，委員會於過去半年先後舉辦研討會及民意調查，收集商界、學者、前線非政府組織，以及800 多名市民的寶貴意見，深入了解現時婦女再就業的情況。

綜合而言，葛珮帆認為，女性在生育後之所以未能重投職場，很多時都因為職場未能提供足夠託管服務、欠缺靈活上班時間，僱主無法為員工提供特別假期以照顧子女等原因。她指出，有不少單親媽媽十分希望在小朋友上學後再次工作，但很多時發現自己已經與社會脫節，必須重新培訓。

事實上，社會培育了不少受過高等教育的專業女性，她們當中因為要照顧子女而放棄個人專業，這對個人和社會而言都是一大損失。為此，委員會在收集意見後撰寫了《釋放婦女勞動力》倡議書，並就五個範疇提出了合共 12 項建議，包括增加幼兒託管、課託服務名額，支援婦女重投職場等等。

副主席顏汶羽表示，為進一步了解香港女性再就業的意欲和困難，委員會於七月由真實訪問員以電話訪問形式，成功訪問了 806 名市民，當中包括 400 多名在職及非在職女性。結果發現，除卻退休因素，非在職女性大都因為要照顧家庭而放棄工作。她們當中有 20.9%表示希望重返職場，粗略估算約有超過 30 萬名潛在勞動力並未得到釋放。需要注意的是，這些受訪婦女當中，中年及接受過教育的受訪者，重返職場的意欲較高，反映「想返工」婦女並非集中於基層，亦無分教育水平高低。

另一委員林琳指出，企業如能提供託兒配套服務，可方便在職母親兼顧工作與家庭。因此她十分期望當局透過多元措施，推動及鼓勵企業提供託兒服務，打造更加包容的工作環境。事實上，現時已有企業提供幼兒園，例如機管局已成立了兩所幼兒園，方便員工帶子女上班。九巴也正積極研究於車廠設立託兒服務，希望為員工提供友善生育環境。

為應對香港老齡化，勞動人口正面臨收縮情況。委員會認為香港有必要透過多元措施，並且透過完善社區配套及鼓勵企業等政策，讓有意工作的家庭主婦或退休人士可以放心重投職場，以貢獻社會和發揮個人所長。就此，委員會建議如下：

1. 更新及制訂「2024 女性發展藍圖」；

2. 訂定績效指標；

3. 增撥資源支援婦女團體發展；

4. 增加幼兒託管服務名額及社區保姆名額；

5. 增加課後託管服務名額；

6. 設立「外傭照顧嬰幼兒培訓試驗計劃」；

7. 加強企業推廣家庭友善僱傭措施；

8. 盡快訂立《468 連續性合約條例》；

9. 協助婦女重投職場；

10. 精準「婦女培訓及就業」服務；

11. 為求職婦女設立職位空缺專頁；

12. 加強大眾認識《家庭崗位歧視條例》。

2024 年 10 月 31 日
「釋放婦女勞動力倡議書及婦女再就業調查結果」新聞稿

4.
少數族裔婦女健康日

為提高少數族裔婦女健康意識，民建聯少數族裔委員會與民族共融關愛中心趁十月份國際乳癌關注月及世界骨質疏鬆日，舉辦了「少數族裔婦女健康日」。是次活動，由民政及青年事務局婦女事務專員陳樂雅；合辦機構銀騎士、基督教聯合那打素社康服務；支持機構香港骨質疏鬆學會、民建聯副主席葛珮帆、民建聯油尖旺主席楊子熙，以及民族共融關愛中心總監楊鎮華主持啟動儀式。

葛珮帆致辭時感謝合辦及支持機構的參與，並表示民建聯非常關注少數族裔婦女健康。疾病預防的知識對於健康意識薄弱的少數族裔婦女尤為重要，她希望透過今次活動，提高少數族裔婦女對乳房健康和骨質疏鬆的關注和意識。

她特別提到，今次合辦活動的民族共融關愛中心一直為少數族裔提供

社會服務、升學就業及共融文化活動的支援服務，包括舉辦廣東話及普通話的教學服務，本地景點導賞團、民族共融嘉年華會、到訪中小學推廣共融文化，以及舉辦大灣區文化交流團，受惠人數合共超過 15000 人。未來中心會繼續推動種族共融，並加強對少數族裔婦女、兒童、青年及家庭等方面的工作。民建聯未來將繼續推動婦女健康發展，爭取婦女健康保障。

陳樂雅致辭時，感謝民建聯和民族共融關愛中心對少數族裔婦女健康和福祉的貢獻。今次活動亦提醒她們關於早期檢測和預防措施的重要性。政府非常重視為女性和少數民族提供支援，陳強調，在 2024 年《施政報告》中，行政長官將會宣布有關女性和少數民族的措施，包括將與各界女性領袖建立網路，並推出名為「She Inspires」的導師計劃。

民政及青年事務局最近亦推出了一站式家庭和婦女的資訊平台，當中包括女性健康資訊，希望增強女性健康意識。此外，政府現有八個支援少數族裔的服務中心，其中亦有以少數族裔婦女為對象的支援小組和活動。

楊子熙表示，民建聯少數族裔委員會曾成功舉行一系列針對少數族裔女性的研討會和服務。事實上，少數族裔在獲取社會和政府服務方面的資訊時常面對挑戰。他們非常倚賴區議員和服務機構提供的支援和溝通，因此，促進民族融合及社區多元民族發展非常重要。

是次活動反應踴躍，共 50 位 18 歲以上的少數族裔婦女參加乳癌健康及骨質疏鬆講座，並接受骨質密度、血壓、血脂及血糖等檢查，希望能透過檢查，提升少數族裔婦女關注健康的意識。

2024 年 10 月 26 日
「少數族裔婦女健康日」新聞稿

5.
「女性乳健檢查習慣調查」發布會

民建聯婦女事務委員會（下稱委員會）一直關注及爭取婦女乳癌篩查。「三八婦女節」前夕，委員會於今天舉行「女性乳健檢查習慣調查」新聞發布會。委員會主席兼立法會議員葛珮帆、委員兼沙田區議員董健莉、羅婉珮，連同香港乳癌基金會顧問理事會成員曾頣欣公布早前進行的「女性乳健檢查習慣調查」結果，希望了解本地婦女對乳房檢查的習慣和認知。同場邀請兩位乳癌患者現身分享確診的經過。

是次調查訪問了 1010 名本港女性。結果發現，三成半受訪者完全沒有乳房檢查的習慣，包括自我檢查、臨床檢查及乳房 X 光造影檢查。40 至 59 歲高風險一族的受訪者中，有定期進行乳房 X 光造影檢查的不足四成，而在 18 至 39 歲的受訪群組中，高達六成沒有自我檢查乳房的習慣。另外，

近四成半受訪者對自我檢查的認識不足，情況值得關注。沒有檢查乳房習慣的主要原因包括費用昂貴、缺乏意識、不知道檢查渠道，以及覺得身體狀況良好而無須檢查等。

近八成受訪者對政府推行的「乳癌篩查先導計劃」毫不知情，反映計劃宣傳及相關資訊極不足夠。根據政府數據，去年本港 45 歲至 69 歲婦女人口近 164 萬。截至 2023 年 3 月底，約有 19300 人接受乳癌風險評估。先導計劃的參與人數，與政府當初預期兩年的 48000 人出現明顯落差。獲經轉介進行乳房 X 光造影檢查的病人不足 5500 人，佔全港 45 至 69 歲女性人口的 0.33%，可見成效之低。

葛珮帆指出，香港目前是亞洲乳癌發病率最高地區之一，根據醫管局及衞生署數字，2021 年女性乳癌新症個案達 5565 宗，按年上升 13%。2022 年共有 792 名女性死於乳癌，佔總女性癌症死亡人數約 12.5%。現時政府仍然停留在風險為本的先導計劃階段，全民乳癌篩查遙遙無期。

她批評，「乳癌篩查先導計劃」成效差強人意，政府投放資源推行乳癌篩查，就應該用得其所。可惜先導計劃的參與人數與政府當初的預期出現明顯落差，證明宣傳不足，希望政府汲取經驗，就宣傳先導計劃、未來擴展篩查計劃，以及防治乳癌的整體發展規劃作有效投資，其中包括加快入藥並納入資助。對於剛發表的《財政預算案》對支援婦女健康著墨不多，她表示失望，認為守護女性健康刻不容緩。政府必須正視及回應婦女的訴求。

香港乳癌基金會一直建議政府落實全民乳癌篩查，然而，新一份《財政預算案》對婦女健康的支援著墨不多，未有積極善用資源投入乳癌防控工作。曾頤欣醫生表示，推行全港性的乳癌篩查計劃，不但有助提高患者早期發現乳癌的機會，進而提升治癒率，降低死亡風險，更能實踐政府以預防為重的醫療方針，更重要是減輕未來公共醫療負擔。

亞洲其他國家和地區，如南韓、日本、新加坡和台灣，早已推行乳癌篩查計劃。香港在 2021 年才開始進行第一階段乳癌篩查先導計劃，相對鄰近地區落後了二十年之久。基金會期望政府能盡快公布第一階段先導計劃的檢討成果，如期落實第二階段乳癌篩查計劃。基金會亦會為有經濟困難的婦女提供資助或免費乳健檢查，共同守護本港婦女健康。

六十歲的乳癌患者鳳明沒有定期檢查乳房的習慣。疫情時曾聽說政府資助乳房造影檢查，經了解後覺得手續繁複，加上疫情關係，所以一直遲遲沒有行動。直至 2022 年某日突然摸到乳房有硬塊，經超聲波及乳房造影檢查後發現兩粒大概 1 點幾厘米的腫瘤。醫生建議先接受手術移除腫瘤，手術時發現淋巴結受影響。完成屬性檢測後，確診患上 HER2 型乳癌第三期。她表示當初如果早一點做檢查，便可以及早發現，及早治療。她以自身經驗，提醒女士定期進行乳房檢查的重要性，並希望政府加大宣傳，讓更多女士了解和認識乳癌篩查計劃。

手術後，鳳明轉至公立醫院腫瘤科接受治療。醫生指有單／雙標靶治療方案選擇，需以 1 年時間接受 18 個週期藥物治療，每一週期價錢分別為 2 千多元與 2 萬多元。若有經濟困難，則選擇單標靶或申請坊間雙標靶資助。在衡量過生存率與減低復發風險下，最後她決定申請資助，減輕接近一半藥費接受雙標靶治療。現在她的情況理想，也快完成第 18 針治療。她希望政府可以增撥更多資源，幫助癌症患者。基金會建議檢討公立醫院藥物漫長的審批及資助機制，希望可以加快入藥，讓 HER2 型乳癌患者即使沒有錢，也可以接受術後雙標靶治療。

另外，有乳癌家族病史的 Simy 一直有進行定期檢查。她確診時約 40 歲，於 2021 年發現乳房有硬塊，經過檢查後發現直徑達 3.8 厘米大的腫瘤。醫生建議進行全乳切除手術，最後她決定先接受雙標靶加化療的術前治療，再動手術，結果腫瘤由 3.8 厘米縮小至 1.5 厘米，手術後可以保留乳頭。她強調定期檢查乳房的重要性，尤其高風險族群更加不能忽略檢查，否則隨時錯過治療的黃金期。

術後，醫生建議 Simy 可繼續使用雙標靶治療。但因治療費用較高，所以公立醫院沒有術後雙標靶治療的選擇。最終她選擇在私家醫院接受雙標靶治療。現時她已完成雙標靶治療。但事隔 2 年，此治療仍未納入藥物名冊，更得不到政府任何資助。她表示若不是有買保險，再加坊間的藥物資助計劃，則難以順利完成治療。

最後，基金會呼籲女性必須定期進行乳房檢查，及早發現問題。並促請政府完善及加強第二階段乳癌篩查計劃，其中必須積極加強宣傳教育，提升乳癌篩查技術，及早以公私營合作模式推展 40 歲或以上婦女進行乳癌篩查，減輕公共醫療的長遠開支。同時，加快藥物註冊程序及審批機制，讓無法負擔昂貴藥物的乳癌患者得到保障。

2024 年 3 月 3 日

「『女性乳健檢查習慣調查』發布會」新聞稿

6.
倡議加強乳癌的早期防治、輔助及宣傳

乳癌是香港婦女的頭號癌症，每年均有數以千計的新症個案，為香港的醫療系統、婦女及其家庭構成相當大的影響。醫學界普遍認為，透過早期介入，能有效減低晚期乳癌個案的比率。十月是國際乳癌關注月，立法會議員葛珮帆及顏汶羽連同香港乳癌基金會、癌症策略關注組、全球華人乳癌組織聯盟、香港綜合影像診斷中心、香港婦女影像診斷中心及相關領域專家和關注組織，召開「乳癌的早期防治及輔助」研討會，並邀請政府當局代表出席。就乳癌篩查和早期乳癌的防治，及推動基層醫療下的癌症防治等議題進行交流討論。

葛珮帆表示，香港目前是亞洲乳癌發病率最高地區之一，2021 年女性乳癌新症個案達 5565 宗，按年上升 13%，而 2022 年共有 792 名女性死於乳癌，佔總女性癌症死亡人數約 12.5%。她提到與顏汶羽一同在民建聯婦女事務委員會中，多年來致力推動關注乳癌及乳房健康等婦女健康議題，亦成功爭取「乳癌篩查先導計劃」（先導計劃），然而第一階段的成效卻未如理想。

葛珮帆認為，現時推行乳癌篩查面對的困難很多，包括社會意識不足、提供乳房造影的服務中心及診所不足、缺乏資訊及公眾教育不足等等。她建議政府汲取經驗，就宣傳先導計劃、未來擴展先導計劃的執行，以及防治乳癌的整體發展規劃作有效投資，包括重點加強宣傳教育工作，同時研究盡快引入最新技術，如 3D 乳房造影及 AI 技術等。

顏汶羽表示，乳癌是香港婦女的頭號癌症。但與此相對的是，本港女性對乳癌及乳房健康的意識相對較低。他提到早前民建聯進行問卷調查發現，三成半受訪者完全沒有乳房檢查的習慣，八成受訪者對政府推行「乳癌篩查先導計劃」毫不知情。可見市民對於先導計劃，甚至乳房健康的議題認知不足，他建議當局在推行篩查計劃第二階段時，設立一站式平台發放與計劃有關的資訊，並加強公眾教育。

香港乳癌基金會創會人張淑儀表示，早期確診的患者存活率高達九成。然而，香港近八成乳癌個案都是由患者無意中發現，15.9%患者確診時已為晚期。第四期乳癌患者的十年存活率，只有 26.4%，足見早期發現能有效減低死亡率。她建議局方研究擴大篩查計劃範圍，除了高風險群組及有家族史背景的女性外，同時涵蓋中、低風險的人士，及早發現更多潛在患者，及早治療。

癌症策略關注組召集人麥嘉欣補充，有數據顯示，經乳房造影後診斷出乳癌的個案中，達 70%沒有家族史及為低風險群組。他期望未來推出的第二階段篩查計劃能涵蓋上述群組。他亦指出，推算第一階段篩查計劃為本港為提供乳房造影的每間服務中心，需要服務約 30 多萬人，對比世界其他地方推行相關篩查計劃時有很大差距。如台灣有 222 間，每間服務 1.4 萬人；韓國有 1300 間，每間服務 8000 多人。他建議當局可研究加強公私營協作，起分流之效，並提升第二階段篩查計劃的服務量。

放射科專科醫生方俊仁指出，亞洲人普遍乳腺組織密度較高，如果使用傳統 2D 乳房造影檢查，或未能發現早期癌症，發生漏診，甚至誤診。目前 3D 乳房造影檢查，能利用斷層技術拍攝多張照片，準確度明顯提升。因此他建議第二階段篩查計劃加入使用 3D 乳房造影檢查，並應用 AI 技術輔助，加快效率。

全球華人乳癌組織聯盟代表王天鳳指出，乳癌患者普遍要面對身心影響，加上現時本港社會對乳癌的關注普遍較低，同時亦缺乏相關資訊，導致患者往往容易因為不知情而忽略病情，更容易感到無助及自責。她期望政府能投放更多資源，加強宣傳教育，同時加強線上推廣及提供更多資訊，以加強市民和社會整體的意識。

作為政府代表出席的衞生署首席醫生（疾病預防）蘇佩嫦及基層醫療署總經理余懿德回應表示，在會議中接收到很多好的建議，將會積極考慮改善先導計劃的宣傳及解說工作。同時，地區康健中心將重點提升市民的預防意識，包括會研究開展增強婦女健康意識，尤其乳房健康的工作，及提供更多相關資訊。蘇佩嫦亦提到，政府現時正積極籌備「乳癌篩查先導計劃」第

二階段，將會適時公佈詳情，當局亦會關注乳癌議題的最新情況，並適時調整策略。

2024 年 10 月 29 日
「倡議加強乳癌的早期防治、輔助及宣傳」新聞稿

7.
歡迎醫管局首次引入「脊髓肌肉萎縮症」基因療法

醫管局今日公布首次以「脊髓肌肉萎縮症」基因療法治療一名 10 個月大的男嬰。病人只需接受一次新藥「阿哌奧諾基」的靜脈注射，不用長期服用傳統藥物。醫管局已把這種新藥納入「關愛基金極度昂貴藥物」的資助範圍，以幫助合資格患者。

立法會議員葛珮帆表示，罕見病患者每天都面對生命的威脅，生活每一個小節都是大挑戰。在世界各國，脊髓肌肉萎縮症發生率約為 1 / 10000，也是世界上遺傳性疾病中，造成嬰兒死亡率最高的疾病。她樂見局方積極回應患者訴求，引入新藥「阿哌奧諾基」，為脊髓肌肉萎縮症患者，及其照顧者帶來新希望，是一個相當重要的里程碑及新突破。

葛珮帆續期望政府繼續改善現有機制，加快引入新藥，幫助罕見病患者；增加撥款及資源，加強社會服務以支援罕見疾病、癌症患者及其照顧者；優化產前檢查服務，引進安全的基因及遺傳病測試，將常見遺傳病的婚前或產前檢查服務普及化，減低初生嬰兒患上遺傳及罕見疾病的機率，挽救更多生命。

民建聯衞生事務發言人、立法會議員梁熙表示，樂見當局對罕見病有更多的關懷並作出實質性投入。當局是次將其納入為「關愛基金極度昂貴藥物」項目，本身就是一個很大的突破。相關的病人組織及病友聽後均無比雀躍，充分感受到是屆政府切實排解民生憂難的優良作風。因此，希望在未來的日子，可以與當局一同再接再厲，讓其他的罕見疾病患者得到相應支援。

2023 年 12 月 16 日
「歡迎醫管局首次引入『脊髓肌肉萎縮症』基因療法」新聞稿

"EQ敢言"

建設以人為本的智慧城市

葛珮帆 著

責任編輯　　林可淇
書籍設計　　Kaceyellow

出　　版
三聯書店（香港）有限公司
香港北角英皇道四九九號北角工業大廈二十樓
Joint Publishing (H.K.) Co., Ltd.
20/F., North Point Industrial Building,
499 King's Road, North Point, Hong Kong

香港發行
香港聯合書刊物流有限公司
香港新界荃灣德士古道二二〇至二四八號十六樓

印　　刷
中華商務彩色印刷有限公司
香港新界大埔汀麗路三十六號十四字樓

版　　次
二〇二五年五月香港第一版第一次印刷
規　　格
特十六開（152mm × 227mm）三一二面

國際書號
ISBN 978-962-04-5656-5

三聯書店
http://jointpublishing.com

JPBooks.Plus
http://jpbooks.plus